R. D. Dimsey
2007

MW00966424

HÉLOÏSE ET ABÉLARD

LETTRES ET VIES

La littérature du Moyen Âge
dans la même collection

HÉLOÏSE ET ABÉLARD

Lettres et vies

Introduction, traduction, notes,
bibliographie et chronologie
par
Yves FERROUL

GF Flammarion

© Flammarion, Paris, 1996.
ISBN 2-08-070827-9

INTRODUCTION

UNE HISTOIRE D'AMOUR
HORS DU COMMUN

Il est le plus célèbre professeur de son époque. Elle est la plus cultivée des jeunes filles du royaume. Il se sent jeune, beau, irrésistible : il veut la conquérir, et elle devient follement amoureuse. Ils oublient tout pour leur passion, ont un fils, finissent par se marier... Mais elle a une famille rancunière, qui désire venger le déshonneur d'une femme du clan. On le châtre. Les époux en sont bouleversés et se retirent chacun dans un monastère. Des années plus tard elle lui écrit. Elle lui rappelle qu'elle l'a aimé à la face du monde d'un amour sans limite, et l'a toujours placé dans son cœur bien plus haut que son Dieu lui-même.

Telle est l'histoire d'amour d'Héloïse et d'Abélard. Elle a fasciné des générations depuis ce XIIᵉ siècle où elle a été vécue. Elle résonne toujours comme un écho de ce monde où l'Amour prend sa naissance. Mais les réactions qu'elle suscite sont passionnées et contradictoires. Le texte de référence, cet ensemble constitué du récit de ses malheurs par Abélard et des quatre premières lettres échangées par le couple, est tellement chargé d'affectivité que les lecteurs demeurent rarement neutres. Héloïse est une amoureuse dont les paroles d'amour ne laissent pas indifférent, et Abélard soulève des réactions vives dans ses divers rôles d'enseignant, de séducteur, d'amant et de mari. Chacun est touché profondément et amené à s'interroger à partir de la vie de ces deux êtres d'exception sur le

sens de sa propre vie et la place respective qu'il y attribue à la profession, à l'amour et à la religion, c'est-
à-dire à la quête de la perfection dans les domaines
intellectuel, affectif et sensuel, moral : « source de
réflexion sur l'amour, la passion, la sexualité, la
nature, le couple, méditée par Jean de Meun, puis par
Pétrarque, par Rousseau et par Chateaubriand, par
Diderot et son amie Sophie Volland, cette expérience
ne peut laisser personne indifférent » (J.-P. Letort-
Trégaro). Cette correspondance est donc lue comme
« un document humain d'une richesse et d'une beauté
telles qu'on peut à bon droit le ranger parmi les plus
émouvants de la littérature universelle », ainsi que la
présente Etienne Gilson, et cette émotion qui en
accompagne la lecture rend difficile l'objectivité dans
l'interprétation du récit original et dans l'appréciation
des comportements d'Héloïse ou d'Abélard.

Des femmes revivront en Héloïse leurs rêves
d'amour total (Elle aime. Elle aimera toute sa vie...
Son amour à elle est sans nuance et sans faille : c'est
l'Amour. Régine Pernoud) ; celles qui sont persuadées
de l'infériorité masculine exprimeront leur propre
déception par rapport au mariage (Abélard pouvait
être, surtout au début d'une liaison, un amant idéal, il
eût été un mari déplorable et peut-être un père de
famille plus déplorable encore... Héloïse, avec l'intu-
ition divinatrice de toutes les femmes aimantes, a senti
que le mariage tuerait l'amour. Charlotte Charrier),
régleront quelques problèmes par rapport aux
hommes en général (Héloïse est une nature absolue.
Elle est trop jeune, trop naïve, trop amoureuse elle-
même pour comprendre que l'arrivée d'Abélard sous
son toit et dans sa chambre est d'abord le résultat de
calculs assez bas, qu'il n'est pas animé d'un sentiment
de même qualité que le sien propre) ou leurs collègues
en particulier (Pas l'ombre d'un sentiment en tout
cela : l'intellect et les sens... Abélard, nous avons eu à
plusieurs reprises l'occasion de le constater, est un
parfait prototype d'universitaire. Régine Pernoud).

Des hommes seront émus par la toute jeune fille

devenue mère (Cette femme alourdie par le poids qui l'attachait au sol, combien plus pathétique que les héroïnes auxquelles les poètes font grâce des servitudes qu'entraînent les conséquences de l'amour... John Charpentier), s'extasieront devant la femme libérée (Elle se découvrait enceinte. Loin d'être abattue, honteuse ou craintive, elle s'en glorifia comme de la consécration d'un sentiment unique. Déjà ce qu'elle devait rester invinciblement : la grande amoureuse. Gonzague Truc) ou fantasmeront sur les rapports entre le professeur en pleine maturité et la jeune étudiante admirative (Il est constant que la jeune fille, quand elle est sérieuse, se montre plus attirée vers l'homme mûr dont ses aspirations spirituelles tendent à rejoindre les hautes pensées, que vers le jeune homme enclin aux plaisirs frivoles. Héloïse ne s'est jamais senti attirée par les clercs du second degré, aussi vains de leur science toute fraîche que de leur visage imberbe... John Charpentier). La sexualité n'échappe pas à ces lectures partisanes et le désir d'Abélard sera caricaturé voire bestialisé (Le chanoine ne peut faire allusion aux rapports de sa nièce avec Abélard sans revoir, avec autant de relief que s'il l'avait de nouveau sous les yeux, la bête qu'il a surprise, étalée, se repaissant de sa proie... Et toujours cette vision ignoble : la nudité d'Héloïse couverte, fixée au sol par le mâle à la figure congestionnée, aux yeux révulsés, à la bouche tordue, grimaçante — en qui personne n'eût voulu reconnaître l'inspiré qui enseignait à ciel ouvert, sous le soleil de Dieu... John Charpentier), alors que d'autres y verront « l'expression de ce qu'il y avait de meilleur » dans le couple (Te rappelles-tu nos voluptés et dans quelle extase je les vivais ? Non, non, nous n'étions pas ravalés au rang des bêtes, mais élevés à des joies qui dépassaient notre condition. Plus tard, tu t'es accusé de concupiscence. Je rejette cette accusation. La tendresse, la sollicitude, avec lesquelles tu m'as initiée, le respect que tu n'as jamais cessé de me témoigner aux instants les plus fous de notre frénésie, témoignent en faveur de notre passion. J. Bourin).

La diversité des appréciations est donc très grande. Cependant les différents partis pris ne s'équilibrent pas : il y a une sorte de féminisme de l'engagement en faveur d'Héloïse, comme si celle-ci avait besoin d'être défendue contre Abélard, le séducteur sans scrupules, le goujat. Et pratiquement personne, homme ou femme, ne parvient à revivre de l'intérieur le cheminement douloureusement humain d'Abélard (à l'exception notable d'Inès Nollier). Le risque de dénaturation de l'œuvre se révèle donc omniprésent : « On peut craindre que cette histoire de grands hommes réduits à la taille des érudits qui l'écrivent manque souvent de pittoresque, mais elle manquera toujours de vérité lorsque la vérité sera dans la grandeur » (Etienne Gilson). Et c'est toujours sur les deux mêmes points que les interprétations semblent trop affectives : la qualité de l'amour d'Abélard pour Héloïse, et, plus généralement, la personnalité du philosophe.

Bienheureuse castration.

Tous les lecteurs sont frappés par l'opposition entre la constance de l'ardeur du désir exprimé par Héloïse et la froideur d'Abélard après sa castration. Et pourtant celui-ci n'a pas oublié les moments passionnés qui ont marqué le début de l'aventure. D'un côté, Héloïse, dans sa seconde lettre, affirme à son mari que son esprit est toujours plein des souvenirs du passé et que son corps en est toujours ému (D'autant que ces voluptés chères aux amants que nous avons goûtées ensemble me furent douces et que je ne peux ni les détester, ni les chasser de ma mémoire. Où que je me tourne, elles s'imposent à mes yeux avec les désirs qui les accompagnent. Même quand je dors elles ne m'épargnent pas leurs illusions... Je refais tout avec toi en imagination, dans les mêmes circonstances... Souvent les pensées de mon cœur peuvent être comprises aux mouvements de mon corps, des mots m'échappent malgré moi) ; de l'autre, Abélard lui répond sagement qu'elle est maintenant l'épouse de

Dieu, et que celui-ci l'aime bien plus dans la vérité que lui ne l'a aimée dans le plaisir. Elle dit regretter les plaisirs perdus, il affirme être comblé par son nouvel état.

L'explication de cette divergence entre les attitudes apparaît évidente pour tous les critiques. La castration aurait fait d'Abélard un homme qui ne pouvait plus vivre avec Héloïse ; comme le mariage est indissoluble, les époux n'avaient plus que la solution du cloître. Ce que résume R. Pernoud : « Héloïse était sa femme devant Dieu et les hommes, mais lui-même ne pouvait plus être son époux selon la chair. Le lien qui subsistait ne pouvait être dissous sinon par leur commune entrée au monastère. »

Mais les agresseurs ne peuvent pas avoir amputé Abélard totalement, contrairement à ce que laissent entendre les réflexions pathétiques des critiques, à la suite d'Abélard lui-même : « ils m'amputèrent de ces parties de mon corps au moyen desquelles j'avais commis ce dont ils se plaignaient ». Ce qui devient chez Pierre Bayle : « Les parents de cette fille pour se mieux venger allèrent jusques à la racine du mal, et l'arrachèrent de telle sorte qu'ils ôtèrent au coupable le pouvoir de la rechute », ou « ils le surprirent endormi et lui coupèrent le membre viril ». Aujourd'hui Michèle Sarde est tout aussi catégorique : « Avec son organe, le désir a disparu... Face à son amante torturée de désirs et de privations, Abélard n'a plus de corps... Une fois tranché cet organe charnel par lequel le désir physique s'exprime directement... ».

Abélard a été châtré, c'est-à-dire qu'on lui a coupé les testicules. Et depuis l'Antiquité l'on sait que la castration n'interdit pas la vie sexuelle, qu'un homme châtré peut avoir des rapports si l'opération a eu lieu après la puberté, qu'il n'est pas impuissant mais stérile. Les Pères de l'Eglise mettent même les femmes en garde contre les avances de ceux qui utilisent leur stérilité ainsi acquise comme argument pour séduire ! Aujourd'hui la science et la religion sont unanimes : « L'homme qui est devenu eunuque après avoir validement contracté mariage peut... demander et rendre le devoir conjugal » (Dictionnaire de Théologie catholique). En fait, si tant de critiques abondent dans le sens d'Abélard et ne contestent pas la nécessité de son entrée au couvent après la honte subie, c'est qu'ils partagent le même fantasme que lui sur le lien entre sexualité et vie intellectuelle : pour la science antique ou médiévale, pour beaucoup de gens aujourd'hui encore, le sperme est source d'énergie vitale. Il ne faudrait donc pas le gaspiller afin de rester en bonne santé, mais aussi toute déperdition diminuerait la force du psychisme, entamerait les qualités du cerveau. Abélard croit en avoir la preuve quand, au plus fort de sa vie amoureuse, sa vie intellectuelle était pratiquement nulle, qu'il n'avait plus d'énergie à lui consacrer, que son enseignement lui causait violent ennui et fatigue intolérable, qu'il le négligeait, qu'il se répétait. La castration intervient alors comme l'arrêt brutal de cette immense déperdition d'énergie psychique. Elle apparaît à l'évidence intervention divine, signe de Dieu à sa créature afin qu'elle se ressaisisse, consacre toute sa « virtus » à la vie intellectuelle. Et, dans un tel contexte, l'abandon de la vie conjugale est un élément de bien peu d'importance. Ce qui compte pour Abélard c'est cette possibilité inespérée de grandissement, de dépassement de soi. Comme un arbre bien taillé il pourra maintenant porter des fruits de qualité. Dégagé du poids de la chair, il ne connaîtra plus de limitations dans la vie de l'esprit. La castration devient cause de fécondité, cause de la vraie fécondité. Dieu lui a confié des trésors de science parce qu'Il l'a réservé à quelque grande œuvre. Le philosophe est persuadé que c'est sa mutilation qui l'amène à bénéficier de la seule vie digne d'un fils de Dieu, celle de l'esprit. Il ne sait comment manifester sa reconnaissance à ce Dieu-Père qui au lieu de le condamner l'a sauvé de la mort. C'est pourquoi il sera beaucoup plus bouleversé quand ses ennemis chercheront à l'atteindre dans sa paternité intellectuelle en condamnant ses livres au feu que lorsqu'ils l'avaient touché

dans sa paternité physique. Et ses moments de désespoir viendront de la stérilité intellectuelle à laquelle le
contraint sa charge d'abbé dans un monastère de brigands.

C'est au nom de cette vraie fécondité qu'Abélard
cherche à détourner de sa personne et à orienter vers
Dieu les élans passionnés d'Héloïse, afin que sa
femme, l'être dont il est le plus responsable, du salut
duquel il est au premier chef comptable, parvienne à
se détacher des plaisirs terrestres et à croître elle aussi
dans la foi. Pour cela il renonce aux autres possibilités
qui s'offraient à lui. D'abord continuer la vie de
couple sans tenir compte de l'accident. La castration
par elle-même ne rompt pas le couple, l'Eglise
n'acceptant la rupture que si le mariage n'est pas
consommé : ici le couple a eu des rapports et a même
été fécond! D'ailleurs Héloïse et Abélard n'ont jamais
voulu rompre leur couple : ils s'appelleront toujours
mutuellement du nom d'époux et on leur parlera
comme à des gens mariés. Il est vrai qu'au XIIe siècle
l'Eglise facilite les séparations de fait pour ceux qui
voulaient mener la vie monastique, et il est fréquent
que les couples dont les enfants sont devenus auto-
nomes abandonnent la vie commune afin que chacun
consacre ses dernières années totalement à Dieu dans
la vie religieuse : un tel exemple a été donné à Abélard
par ses propres parents. En prononçant leurs vœux,
Héloïse et Abélard ont donc recours à une pratique
qui n'était pas inhabituelle à leur époque, mais ne
s'imposait absolument pas. Même en aspirant à la
perfection religieuse, ils auraient pu choisir une vie
conjugale, puisque l'Eglise répétait que le mariage
était une voie possible vers la sainteté. L'exemple de
sainte Cunégonde, dont la vie est racontée à l'époque
comme celle d'une femme aimée par un mari plein
d'affection, et avec lequel elle n'a pas eu de relations
sexuelles, s'appuie sur un courant de pensée vivant,
depuis les textes bibliques à propos de la femme don
de Dieu pour atteindre la sainteté, les Pères de l'Eglise
pour qui la femme a été donnée à l'homme afin

d'aider à son salut, jusqu'à Héloïse elle-même qui affirme que le mariage n'est pas un obstacle au salut, qu'il n'y a pas que les moines qui sont appelés par Jésus à la Béatitude.

Abélard aurait pu aussi effectuer le choix d'une vie monacale pour lui sans y contraindre Héloïse, l'Eglise n'obligeant pas les deux époux à se faire conjointement religieux. On a avancé comme explication le souci chez cet homme de ne pas abandonner à la tentation une jeune femme belle et ardente comme Héloïse : à coup sûr elle aurait eu un amant et donc aurait perdu son salut éternel! Ce manque de confiance d'Abélard va d'ailleurs durablement blesser Héloïse puisqu'elle l'évoque encore longtemps après. Elle, elle continue à rappeler la force du lien créé entre eux : « Tu sais que tu m'es lié par la plus grande des obligations, puisque tu m'es uni par le sacrement nuptial, d'autant plus étroitement que je t'ai toujours, aux yeux de tous, aimé d'un amour sans limite. » Mais Abélard renonce à cette solution comme aux autres peut-être parce qu'elles lui semblent des demi-mesures pour Héloïse comme pour lui, indignes de la confiance que Dieu a placée en eux : « Vois comme le Seigneur s'est bien préoccupé de nous, comme s'Il nous réservait à de grands desseins et comme s'Il s'indignait et se désolait de nous avoir confié de tels trésors de connaissance et que nous ne les utilisions pas à l'honneur de Son nom. » Il risque alors de paraître insensible, avec une « âme endurcie et glacée », engoncé, prosaïquement raisonneur face au débordement de sensibilité qu'Héloïse laisse voir : « Mais tous ces sentiments comprimés, il les reporte dans la sollicitude attentive et délicate du directeur de conscience... Il règne dans tout cela une sympathie si tendre, quoique si contenue, une préoccupation si évidente et si vive de tous les intérêts confiés à sa foi, et en même temps, dès qu'il s'agit de vérités générales et de philosophie religieuse, une confiance si absolue et un besoin si intime d'être entendu et compris, qu'on ne peut sans un mélange d'étonnement, de respect et de pitié, assister à cette étrange et dernière transformation de l'amour » (Ch. de Rémusat).

Nous pouvons regretter le choix d'Abélard. Un couple marié d'amants passionnés, parents attentifs et intellectuels admirés, aurait été un idéal nouveau fascinant. Mais Abélard n'a pas voulu explorer cette voie. Il est cependant allé jusqu'au bout dans celle qu'il a choisie, atteignant la perfection et s'attirant ainsi le respect et l'admiration des plus grands parmi ses contemporains. Bouleversé par les condamnations que lui ont valu ses écrits, Abélard écrit à Héloïse pour bien préciser la hiérarchie de ses valeurs : « La logique m'a valu la haine du monde... Je ne veux pas être Aristote s'il faut pour cela me révolter contre Paul. Je ne veux pas être Aristote s'il faut pour cela me séparer du Christ... » D'après la notice de la Patrologie, « Pierre le Vénérable, mandant sa mort à Héloïse, ne craint pas de le comparer à saint Martin et à saint Germain, deux modèles, dit-il, qu'il égala, l'un par son humilité profonde, l'autre par son extrême pauvreté. Son âme, ajoute-t-il, ne méditait, sa bouche ne proférait, sa conduite n'annonçait, que des choses divines, savantes et vraiment philosophiques ». Pour un homme de foi, peut-il exister meilleur éloge ?

Bienheureuse castration, donc, que celle qui permet à Abélard de devenir ce qu'il désirait le plus être, à la fois un chrétien exemplaire et le plus grand des philosophes, celui qu'il faut « appeler avec respect le serviteur et le véritable philosophe du Christ » écrit encore Pierre le Vénérable.

La personnalité d'Abélard.

L'ensemble formé par l'*Histoire de mes malheurs* et les quatre lettres personnelles est souvent lu comme une autobiographie, et le lecteur y recherche les éléments qui lui permettront de construire les portraits psychologiques des héros du récit. Il est ainsi amené à imaginer une Héloïse dont la seule règle de conduite est la passion amoureuse et un Abélard qui ne pense qu'à lui, pour qui « ce ne sont plus que ses ambitions personnelles, ses rancœurs, ses ouvrages et ses échecs qui comptent » (R. Pernoud).

Pourtant le projet des auteurs n'est pas de se faire connaître. Abélard explique dans son introduction que le destinataire doit comparer ce récit de ses propres malheurs avec les siens et être réconforté en comprenant que sa situation n'a pas été et n'est pas la pire. Ce récit se veut donc à la fois *exemplum* et *consolatio*.

Exemplum, il l'est à la manière des sermons, dans lesquels les religieux ont pris l'habitude de donner des exemples concrets, des anecdotes illustrant leurs propos. Ils les empruntent à la Bible, bien sûr, mais aussi aux vies de saints, aux légendes, au folklore, à l'histoire générale, et parfois à la vie contemporaine. Des recueils sont alors rédigés, regroupant les cas par rubriques : exemples de largesse, de courage, d'avarice punie, etc. Abélard aura recours à cette pratique afin d'être plus efficace, mais comme son projet est de ne raconter que des malheurs, il ne retiendra pas les exemples de qualités ou de comportements positifs récompensés, et ne donnera que ceux de défauts ou de mauvais comportements punis. La conséquence sur le type des anecdotes rapportées sera très importante, car *a priori* aucune bonne action d'Abélard ne pourra être présentée : une bonne action n'est pas un malheur ! Ce choix explique notamment l'absence d'insistance sur l'Abélard bon fils et bon frère. Alors que le fils aîné cher à son père qu'il était a démontré un zèle à l'étude qui répondait au zèle du père pour éduquer son enfant, Abélard ne dit rien de ses sentiments envers lui, qu'il a pourtant dû combler en allant si loin dans la direction tracée. Son retour dans sa famille dès qu'il a des problèmes de santé, ou dès que sa mère le rappelle quand elle prend l'habit religieux, le naturel de son recours à sa sœur afin d'abriter Héloïse pendant sa grossesse, la façon discrète de dire que c'est chez son frère qu'il logeait lors d'un séjour à Nantes, tout montre à l'évidence un homme qui a

gardé des liens très solides avec l'ensemble de sa
famille. Mais il n'a pas à en parler, au risque de passer
pour un cœur sec, obsédé seulement par sa réussite
intellectuelle, confortant ainsi cette image plutôt
misanthropique qu'on lui attribue volontiers.

En revanche, les anecdotes peu flatteuses sont multiples. Avec une certaine complaisance, même, Abélard prend plaisir à noircir le trait, et une grande partie
des exemples porte donc sur des fautes et des erreurs
ainsi que sur leurs suites funestes.

Le récit se veut aussi consolation, en ce sens très
précis et très limité où il doit présenter des malheurs
pires que ceux vécus par le destinataire. La *consolatio*
est une genre très pratiqué dès l'Antiquité, en particulier sous la forme de lettre à une personne frappée
par un deuil ou par l'exil d'un proche. Au XIIe siècle
elle est en vogue, comme le prouvent les consolations
que reçut Abélard lui-même après sa castration. Pour
répondre à son objectif, Abélard doit donc rechercher
systématiquement l'effet pathétique. Il y parviendra
essentiellement par deux moyens : l'édification d'un
personnage d'homme seul en butte aux attaques de la
multitude, et la sélection de faits heureux qui tous se
terminent en catastrophes. Les oppositions entre solitude et multitude, comme entre bonheur attendu et
survenue du malheur, vont donner au texte cette
tonalité sombre qui est le but recherché.

Mais un tel objectif donné explicitement à son récit
par Abélard, s'il explique les faits de vie retenus et leur
présentation, ne rend pas vraiment compte de l'organisation du texte et de la place importante qu'y
occupent d'autres éléments. Pourquoi Abélard
consacre-t-il en tout et pour tout neuf pages à son
aventure avec Héloïse, de la naissance du projet à la
castration (non comprise la discussion sur le mariage)
alors qu'il en consacre la moitié autant simplement
pour justifier le nom de Paraclet attribué à son oratoire ? qu'il ne lui faut pas moins de six pages pour
établir son bon droit dans l'aide apportée à Héloïse et
aux religieuses lors de leur nouvelle installation ? Et

quand il s'agit de défendre ses idées, il prend aussi tout son temps : ce qui nous vaut déjà un paragraphe théorique sur les universaux, puis deux pages sur les liens d'engendrement des personnes divines, et six pages de citations érudites à propos du mariage, soit, au total, autant que pour sa femme ! Evoquer sa réussite d'enseignant est aussi une préoccupation constante tout au long du texte : environ huit pages sur dix contiennent au minimum une remarque à ce sujet.

Il faut donc évoquer le moment où Abélard rédige son texte. Il est depuis environ cinq ans à Saint-Gildas en butte aux agressions de ses moines ; il a cru trouver un havre de paix dans l'assistance portée à Héloïse, ce qui l'a amené à quitter son abbaye pour le Paraclet. Mais il doit momentanément renoncer à s'en éloigner : il est affaibli physiquement par une chute de cheval, il a peur pour sa vie, il est désespéré par l'échec de toutes ses entreprises, il doute de lui-même. Il n'a alors plus rien de commun avec le jeune loup agressif et arrogant qui avait établi en quelques années sa domination sur Paris. Il va donc chercher à justifier par avance son échec à Saint-Gildas, ainsi que l'abandon de son poste d'abbé dans le but de retrouver ailleurs les conditions de l'équilibre et de l'épanouissement.

Abélard écrirait-il autre chose si son récit n'avait pas pour but de préparer les esprits à sa fuite ? L'enseignant de valeur qu'il est, autant pour la qualité de contact avec les étudiants que pour la force de l'intelligence, les connaissances, la capacité à raisonner, tout ce que prouvent ces exemples complaisamment rapportés, a un rôle plus sérieux à jouer loin de Saint-Gildas. De toute façon, comme père abbé, il a déjà renoncé : « Ne pouvant faire du bien à mes moines, je leur en ferais du moins un peu à elles » écrit-il en pensant aux religieuses d'Héloïse. L'*Histoire de mes malheurs* peut se lire ainsi comme un plaidoyer afin de désarmer d'avance toute critique envers celui qui « a commencé à bâtir, mais n'a pas pu achever ». Il regroupe les raisons de vivre du maître : sa réussite dans l'enseignement et dans la fondation du Paraclet. Il n'est pas un portrait psychologique de son auteur.

Abélard et le pouvoir.

Il faut donc, semble-t-il, accorder quelques qualités psychologiques à Abélard même si le texte n'insiste pas sur les caractéristiques positives de l'auteur autres que son génie et sa foi. Et si on loue les qualités d'Héloïse, on peut lui concéder celle-là, d'avoir aimé un homme digne de son amour : tous les séducteurs motivés seulement par leur désir, comme on le dit d'Abélard, ne suscitent pas une telle passion! Mais si Abélard doit se taire sur ses qualités et n'insiste pas sur les événements heureux de sa vie, il y a aussi toute une autre série de faits qu'il doit passer sous silence : les aides reçues au long de sa carrière.

Nous avons vu que pour obtenir un effet pathétique Abélard se dépeint comme l'homme seul en butte à l'hostilité générale d'envieux mal intentionnés. C'est ainsi qu'il se présente à Saint-Denis (« il semblait que le monde entier conspirât contre moi »), ou lors du concile de Soissons quand il est acculé par ses adversaires, au Paraclet quand saint Bernard parvient « à soulever contre (lui) le mépris de plusieurs hautes personnalités ecclésiastiques et séculières », et à répandre « de telles calomnies sur (sa) doctrine et (sa) vie qu'(il détourna) de (lui) un certain nombre de (ses) amis »; le pire étant atteint à Saint-Gildas où les moines criminels l'agressent sans lui laisser la moindre possibilité de repos puisqu'ils partagent sa vie à l'intérieur du cloître, nuit et jour.

Cependant la complaisance avec laquelle Abélard amène le lecteur à le plaindre ne doit pas occulter l'existence d'un solide réseau de relations familiales, politiques ou amicales extrêmement efficace, au point que parfois on pourrait même dire qu'Abélard est « intouchable ». Il y a des « grands de la terre » dont il sait se faire aider afin de contrer les manœuvres de Guillaume de Champeaux. Même à Saint-Denis il y a des moines et des étudiants qui l'aident efficacement. En butte à la vindicte de son père abbé, Abélard peut compter sur le supérieur de Saint-Ayoul (« Cet homme m'aimait beaucoup »), sur l'évêque de Meaux, ainsi que sur « quelques amis » assez bien placés pour intervenir en sa faveur au conseil du roi. Au concile de Soissons « l'homme isolé » a en fait avec lui la ville, l'évêque de Chartres, qui intervient de tout son poids en sa faveur, l'abbé et les moines de Saint-Médard, pour l'entourer de leur affection : rien de la victime abandonnée de tous ! A Saint-Gildas, les autorités civiles (le comte lui-même ; « l'un des principaux barons du pays ») ou religieuses (le légat du pape) interviennent en faveur de cet autre dépositaire de l'autorité qu'est Abélard et prennent leurs responsabilités. Le père abbé est donc soutenu politiquement, il n'y a aucun doute là-dessus, sans compter l'appui qu'il reçoit de sa famille (ce frère chez qui il loge).

Pour gommer le rôle des secours qu'il a trouvés, Abélard a le don de présenter le récit de sa vie « comme si tout s'était constamment placé sur le plan des batailles d'idées » (R. H. Bautier, dans *Abélard en son temps*). Ses malheurs seraient rythmés par les conflits entre ses maîtres et lui d'abord, entre ses condisciples devenus rivaux et lui-même devenu maître, ensuite. Ce seraient des problèmes d'universaux (avec Guillaume de Champeaux), d'explication de l'Ecriture (avec Anselme), de points de théologie sur la Trinité (au Concile de Soissons), de légitimité d'une dédicace d'église (au Paraclet), de vérité de faits historiques (à Saint-Denis) qui, à chaque fois, auraient dressé des adversaires contre lui, l'homme seul, le chevalier défenseur de la raison.

La réalité est plus banale. Abélard fait partie d'un clan, et sa vie professionnelle évolue selon les variations de la puissance de son camp. Si l'on relit le texte sous cet éclairage, on voit se dessiner une autre histoire où les péripéties de l'aventure ne sont pas causées par des incidents de la vie individuelle (se retirer en Bretagne parce que la maladie impose une convalescence, par exemple), mais bien par les aléas de la vie politique : fuir Paris quand son protecteur tombe en disgrâce! Abélard réussira quand le groupe sur lequel il s'appuie est bien en cour, domine, ou a les coudées franches. Il échoue, doit se retirer, et même parfois tout abandonner, quand les adversaires politiques triomphent.

Prenons par exemple la fin du règne de Philippe Ier, et le début du règne de Louis VI le Gros (1108-1137). Schématiquement, deux clans luttent alors pour le pouvoir. Ils ont forgé leur cohérence au cours de deux types de conflits, l'un entre religieux pour des postes d'évêques, l'autre entre familles nobles pour être hommes de confiance du roi.

Pendant le premier séjour parisien d'Abélard, le siège épiscopal de Beauvais est vacant : pour le pourvoir, le roi soutient Etienne de Garlande, un des trois archidiacres de Paris, contre Galon. Mais Etienne est critiqué par les religieux et l'affaire reste en suspens. C'est alors qu'Abélard suscite l'hostilité de Guillaume de Champeaux, un des archidiacres aussi, et préfère s'éloigner de Paris : il s'appuie naturellement sur Etienne pour ouvrir sa propre école, dans une ville royale, bien sûr (Melun). Il quitte Melun pour Corbeil quand le roi semble préférer les Rochefort aux Garlande, et il choisit Corbeil parce que cette ville est tenue par des opposants aux Rochefort. Quand la lutte devient ouverte entre les Garlande et les Rochefort, Abélard juge prudent de s'éloigner, et retourne en Bretagne. Les clans se constituent, il faut choisir son camp, et contre les Garlande se retrouvent aussi Guillaume de Champeaux, les religieux de Saint-Victor, les abbés de Saint-Denis, les évêques de Paris. Quand les Rochefort se révolteront contre le roi (après la rupture du mariage du prince Louis avec une demoiselle Rochefort), Anseau de Garlande se voit nommer maréchal et son frère Etienne chancelier. Le roi Philippe meurt au milieu de cette situation confuse, et Louis VI choisit de s'appuyer sur les Garlande pour rétablir son autorité. Son clan ayant perdu, Guillaume de Champeaux abandonne sa charge d'archidiacre et devient chanoine régulier : Abélard en profite pour rentrer de Bretagne et enseigner à Paris.

Les faits restent les mêmes, mais la logique de leur enchaînement et les explications sont totalement différentes de celles que donne l'*Histoire de mes malheurs*. Abélard, écrivant un argumentaire afin d'obtenir des pouvoirs civils et religieux le droit de quitter son poste d'abbé, ne peut pas faire explicitement état de son réseau d'appuis politiques. Que son écrit ait été efficace et qu'il ait pu quitter Saint-Gildas afin d'enseigner de nouveau à Paris prouve l'habileté du maître pour convaincre, ainsi que la puissance de ses relations. Ce n'est en aucun cas la garantie d'une présentation complète et objective des événements.

Mais ce n'est pas la chronique historique qui a intéressé les lecteurs de cet écrit; ce n'est pas le récit des luttes de pouvoir autour du roi, c'est l'histoire d'amour.

Une histoire d'amour.

Le XIIᵉ siècle est une période où la réflexion sur l'amour fut particulièrement féconde, la préoccupation des religieux approfondissant le sens de l'amour de Dieu rencontrant la sensibilité des laïcs prêts à donner une autre dimension à leur existence. Et les médiévistes sont unanimes dans leur constat : « l'amour, création du XIIᵉ siècle » (Seignobos), « l'amour est une grande découverte du Moyen Age, et en particulier du XIIᵉ siècle français » et « il faut rendre grâce au XIIᵉ siècle de cette exaltation de l'amour humain... »(G. Cohen), « l'amour, cette invention du XIIᵉ siècle » (R. Pernoud). Le fait est que la création littéraire renouvelle alors les schémas d'explication de la vie amoureuse. Les poètes et les romanciers proposent des exemples d'amour-adoration, d'amour-égalité, d'amour-aventure et d'amourfatalité qui nourrissent l'imaginaire de notre société jusqu'à aujourd'hui.

Les chanteurs-auteurs-compositeurs du Midi de la France, les troubadours, imaginent un type de relation amoureuse qu'ils appellent « fin'amor », amour affiné, purifié comme l'or qui lui aussi peut être « fin ». Depuis le XIXᵉ siècle, nous parlons à ce propos d'amour courtois, amour des cours seigneuriales du Moyen Age.

La fin'amor est fondée sur le dévouement d'un poète à une dame de haut rang dont il chante les vertus. L'amoureux se met au service de celle qu'il établit comme suzeraine de son cœur. L'amour qu'il éprouve va l'amener à développer ses qualités afin d'être encore plus digne de sa dame. Il devra se montrer patient et humble pour se détacher petit à petit de son égoïsme et de ses faiblesses. Ainsi sa personnalité sera unifiée en fonction d'un idéal, offrir à l'autre un amour d'une telle pureté qu'il illuminera à la fois l'être aimé et celui qui aime.

L'amour chevaleresque, tel que devaient le vivre dans la réalité les aristocrates, est un amour plus réaliste, celui d'un guerrier pour une femme qu'il désire. Afin de se faire remarquer ou de prouver la qualité de son amour, le chevalier court des risques physiques au tournoi ou à la guerre. La hardiesse, le courage, voire la témérité, sont donc les caractéristiques essentielles du chevalier amoureux. La générosité, qui se prouve dans le don sans calcul de sa personne et de ses biens au service de qui est dans le besoin (femme sans défenseur, veuve, orphelin), achève de faire de lui un homme de cœur digne d'attirer l'attention et l'amour d'une femme ayant la même noblesse de sentiments.

Les romanciers du XIIᵉ siècle vont aussi approfondir la notion d'aventure. Au point de départ ce terme ne désigne que les événements à venir. Mais petit à petit l'idée d'un destin à explorer s'impose : le héros partira en aventure pour rencontrer des épreuves qui lui dévoilent son être profond. Perceval est un adolescent qui ne pense qu'à posséder un habit brillant comme les êtres rencontrés dans la forêt : l'aventure l'amènera à découvrir la vie, l'amour, la mort, la souffrance, le désespoir. Elle lui permettra de faire surgir en lui des ressources insoupçonnées. Dans ce cadre l'amour est l'épreuve par excellence, celle qui oblige l'individu à aller au bout de lui-même.

L'amour fatal, lui, est proposé par les récits de Tristan et Iseut. Ces deux personnages se connaissent depuis longtemps car Tristan a résidé au château des parents d'Iseut et a été son professeur de musique. C'est l'absorption d'un même breuvage magique qui va déclencher leur amour réciproque et le doter d'une puissance telle qu'ils ne pourront plus vivre l'un sans l'autre. Au-delà de toute réflexion et de toute volonté consciente, les héros sont emportés par la force de leur amour, jusqu'à négliger le sens de l'honneur, jusqu'à ne pas se soucier de leur vie. Dans cette conception, c'est la partie sauvage, brutale, de l'amour qui est analysée; c'est ce sentiment qui « n'a jamais connu de loi » que les auteurs confrontent à une société qui, elle, veut imposer ses lois.

Avec une telle multiplicité d'éclairages sur le sentiment amoureux et le foisonnement des œuvres (romans, chansons et contes) qui en diffusent des exemples vivants, les gens du XIIe siècle enrichissent leur sensibilité. Mais la vie se joue des règles : essayer de comprendre ce qu'ont vécu Héloïse et Abélard à la lumière des idées de leur époque sur l'amour aboutit à se convaincre que leur histoire déborde tous les schémas théoriques.

D'abord elle ne se présente pas comme une de ces aventures classiques, telles qu'on aime au XIIe siècle les raconter ou les écouter. Prenons quelques exemples : la scène de la première rencontre a toujours intéressé les auteurs et les lecteurs. Les classiques romans grecs ne dédaignent pas cet épisode, les romans de chevalerie en font une scène centrale, et depuis le Moyen Age nos romans la traitent presque systématiquement. Le premier regard, le coup de foudre, la naissance de l'amour, sont des moments chargés d'une intense émotion, et leur évocation est un des plaisirs romanesques. Or nous ne saurons pas quand et comment Abélard et Héloïse ont fait connaissance, par quel cheminement Abélard est devenu amoureux, quels sentiments animaient Héloïse à propos d'un homme célèbre que tout le monde dans son milieu connaissait. La frustration est telle que ceux qui ont écrit des vies de ce couple ont inventé à leur manière des scènes destinées à combler ce vide : rencontre en se croisant dans la rue, première entrevue chez Fulbert, Héloïse venant suivre les cours du maître, fascination intellectuelle évoluant en amour, admiration physique : chacun a donné libre cours à son imagination.

D'autre part, les écrits de l'époque s'intéressent surtout aux péripéties de la formation du couple jusqu'au moment de l'insertion sociale que représente le mariage. Après, il n'y a plus rien à raconter, sauf, parfois, quand l'auteur veut réfléchir à l'équilibre entre la vie chevaleresque et la vie conjugale, et décrit la période d'ajustement. L'enfant n'est pas présent, on évoque simplement celui dont on va raconter la vie : un roman de chevalerie ne raconte pas les amours de jeunes gens dont la femme tombe enceinte et qui doivent faire résoudre par les clans familiaux les problèmes soulevés. On serait là dans la farce théâtrale. Et pourtant telle est la trame de l'histoire d'amour entre Abélard et Héloïse

Finalement l'histoire vraie est très différente des fictions, mais il s'agit quand même bien d'une aventure. Quand Abélard essaie de séduire Héloïse, il imagine un avenir amoureux sans problème particulier : pas de grandes difficultés pour la conquête, des relations qu'il dominera aisément, des séparations éventuelles sans grand retentissement parce qu'ils sauront tous deux s'écrire et rester ainsi présents l'un à l'autre. Donc, un projet très planifié. En fait, Abélard comme Héloïse seront emportés tous les deux bien au-delà de tout ce qu'ils auraient pu imaginer. Déjà la force de l'amour qui les envahit est inattendue. Abélard avait bien calculé une relation amoureuse qui prendrait place dans sa vie à côté de tout le reste, mais la passion va bousculer ses prévisions et il se retrouve négligeant tout le reste parce que l'amour a pris toute sa vie. A plus forte raison, les conséquences vont dépasser les sages prévisions : la grossesse et l'enfant, la séparation insupportable parce qu'on a pris goût au plaisir, le mariage qui bouleverse tout le projet de vie, la castration, la vie monastique et la privation de l'indépendance, la responsabilité réciproque envers le salut du conjoint... Héloïse et Abélard sont sûrs d'eux au départ : quelques années après, l'abbesse est toute désorientée (pourquoi Dieu a-t-il puni le couple au moment où il avait régularisé sa situation et était moralement conforme, et dans la personne de celui qui avait compensé très largement, par son offre de mariage, le déshonneur causé ?), l'abbé ne comprend plus le sens de sa vie (quel peut bien être le dessein de Dieu sur lui quand Il l'envoie à Saint-Gildas où il ne sert strictement à rien ?). On rejoint là la problématique romanesque d'un Perceval qui ne sait plus où il en est, après des années d'errance à poursuivre l'idéal chevaleresque, et « n'avait plus aucune notion de jour, d'heure ou de saison » (v. 6054).

Leur amour n'est pas non plus purement et simplement un amour courtois. Celui-ci est caractérisé chez les troubadours par une longue attente qui purifie, sublime les sentiments. Le jeu avec le désir constamment frustré y est fondamental au point que l'on a pu dire que les poèmes chantaient plus « l'amour de l'amour » que l'amour d'un être. Or dans l'aventure d'Abélard et Héloïse la sexualité s'impose très vite : « Sous le prétexte d'étudier, nous nous sommes abandonnés totalement à la passion... Il y avait plus de baisers que d'explications; mes mains revenaient plus souvent à ses seins qu'aux livres... Notre désir ne nous fit délaisser aucune des étapes amoureuses, et nous y ajoutâmes toutes les inventions insolites de l'amour. Moins nous avions été habitués à ces joies, plus nous nous y adonnions avec ardeur, et moins elles risquaient de devenir fastidieuses. »

Pourtant certaines des caractéristiques courtoises se retrouvent dans cette histoire d'amour. Notamment, les héros sont les plus parfaits représentants de leur sexe : « elle était la toute première par la richesse de son savoir. La rareté de la connaissance littéraire chez les femmes mettait encore plus nettement en valeur cette jeune fille et la rendait extrêmement célèbre dans tout le royaume. Je vis en elle tout ce qui séduit habituellement les amants... J'avais alors une telle renommée, j'étais tellement remarquable par ma jeunesse et ma beauté, que je ne craignais pas d'être repoussé par n'importe quelle femme que je jugerais digne de mon amour », ou encore : « Car quel roi, quel philosophe pouvait égaler ta renommée ? Quel pays, quelle cité, quelle ville n'entrait en effervescence pour te voir ? Qui, je le demande, ne se précipitait pour t'admirer quand tu te montrais en public, et ne cherchait à te suivre des yeux, cou tendu, quand tu t'éloignais ? » Ils suscitent l'admiration ou la jalousie des autres et en retirent de grandes satisfactions d'orgueil : « Quelle femme mariée, quelle jeune fille ne te désirait en ton absence, ne brûlait en ta présence ? Quelle reine, quelle grande dame ne jalousait mes joies et mon lit ? »

Une autre divergence essentielle entre la fin'amor et l'histoire d'Abélard et Héloïse est que l'amour troubadouresque est censé faire progresser l'homme et la femme, les amener à être les meilleurs possibles. Dans les poèmes, les personnages signalent cette recherche continuelle du dépassement de soi. Mais déjà les romanciers montrent que vie sentimentale et vie publique sont antagonistes, et que l'amour vécu pour lui-même est impossible. Les personnages de Chrétien de Troyes ou du *Tristan* ne peuvent vivre leur amour coupé de son insertion sociale : Erec se fait traiter de récréant parce qu'il passe toutes ses matinées au lit avec sa femme, Yvain, de peur de la même accusation, ne peut abandonner les tournois pour rester auprès de celle qu'il vient d'épouser, Fénice veut sortir de la tour où elle est enfermée seule avec l'homme qu'elle aime, mais loin des occupations de la

cour, Tristan et Iseut regrettent que la vie de couple
dans la forêt leur interdise de remplir leurs devoirs.
L'idéal des troubadours n'est peut-être qu'un rêve!
Or Abélard et Héloïse auraient voulu un amour coupé
de toute insertion sociale : être amants est possible, se
marier crée trop d'obligations et Abélard en rappelle
complaisamment l'incompatibilité avec la vie d'un
philosophe. Mais même être amants, quand la passion
vous prend tout entier, c'est être récréant, c'est-à-dire
voir baisser la qualité de son travail intellectuel quand
sa profession est l'enseignement. Les étudiants d'Abélard remarquent cette dégradation et en sont désolés.
La solution dans la réalité sera celle des romans : Abélard et Héloïse se séparent comme Tristan et Iseut
pour ne plus être réunis que dans la mort. La vie du
couple passionnément amoureux ne peut être imaginée ni réalisée.

L'amour vécu par Héloïse et Abélard, et tel que
nous pouvons l'imaginer par l'intermédiaire des textes
qui en parlent, apparaît donc comme une expérience
originale. La richesse humaine des personnes, comme
l'ambiguïté de leurs écrits, suscitent une réflexion
constamment renouvelée depuis plusieurs siècles, et
gardent aujourd'hui encore leur pouvoir de séduction.

Le destin d'un couple.

L'histoire est belle, donc. Mais est-elle vraie? S'il
est indéniable qu'Héloïse et Abélard ont existé, et si
les éléments matériels des récits sont corroborés par
les contemporains, et, sans le moindre doute,
incontestables, qu'en est-il du « sens qu'eurent ces
événements dramatiques aux yeux de ceux qui s'y
trouvaient engagés? » (E. Gilson.) Quelles manipula-
tions ont subies éventuellement les textes, puisque les
plus anciens manuscrits ne datent que du milieu du
XIIIe siècle, un siècle après les événements? Les
controverses ont été nombreuses, mais on peut,
semble-t-il, se mettre d'accord sur le fait que
l'ensemble formé par l'*Histoire de mes malheurs*, la cor-

respondance personnelle et les lettres qui concernent la règle monastique est constitué assez tôt, comme un dossier cohérent qu'un manuscrit présente même comme un seul livre divisé en chapitres. Après les travaux de J. Monfrin, E. Gilson, P. von Moss, le plus vraisemblable est que ce dossier a été constitué pour rendre compte des débuts du Paraclet, en groupant les données historiques et canoniques touchant la fondation de l'ordre. On peut « le considérer avec les yeux d'une religieuse du Paraclet comme le récit de la conversion des deux fondateurs, raconté subjectivement (d'abord en monologue, puis en dialogue) et couronné à la fin par l'œuvre commune et objective » (P. von Moss), œuvre qui a survécu aux deux vies humaines et à leur union malheureuse sur terre. Mais l'origine de ce dossier, du travail d'organisation à partir de documents existants, n'est pas établie : est-il le fait d'Héloïse elle-même, ou celui des religieuses après la mort de la première mère abbesse ? Rien actuellement ne permet d'en décider.

Mais la situation romanesque évoquée par ce recueil est tellement belle qu'il quitte la retraite du cloître et entre finalement dans le « domaine public » comme point de départ à de multiples traductions-adaptations, plus ou moins fidèles, que l'historienne Charlotte Charrier étudie soigneusement. Un peu à part est le travail de recréation, qui aboutit aux *Lettres de la Religieuse portugaise*, ou à l'œuvre de Jean-Jacques Rousseau, qui, avec *La Nouvelle Héloïse*, propose une relecture de ce qui est devenu mythe. Il est très curieux aussi de comparer le couple légendaire à un autre couple d'intellectuels, de cette même Rive Gauche, mais du xxᵉ siècle, lui, comme s'y est attardé Joseph Barry : Simone de Beauvoir et Sartre offrent beaucoup de points communs dans leurs personnalités et dans leurs vies avec leurs célèbres prédécesseurs. Simone de Beauvoir a la même fascination pour un homme qu'elle estime lui être supérieur (« J'aimerais, le jour où un homme me subjuguerait par son intelligence, sa culture, son autorité », « C'est un merveilleux entraîneur intellectuel », « il était l'homme le plus "supérieur" qu'elle eût jamais espéré rencontrer »), et Sartre, le même comportement agressif envers ses enseignants et ses condisciples (« il terrorisait intellectuellement les autres à l'Ecole normale. Les membres (du clan de Sartre) ne frayaient avec personne ; ils n'assistaient qu'à quelques cours et s'asseyaient à l'écart des autres. Ils avaient mauvaise réputation, Sartre plus mauvaise encore »), avec la même qualité de maître de la parole : « dans les discussions il était dialectiquement "imbattable" ». De même qu'Abélard veut être le seul philosophe du monde, Sartre veut être « un grand écrivain », « Spinoza ou Stendhal ». Le problème du mariage se pose dans des formes analogues à des siècles de distance, pour des intellectuels cherchant beaucoup plus eux aussi la fécondité de l'esprit : « J'avais toujours pensé qu'un grand homme devait se garder libre... qu'il fallait poursuivre son chemin impitoyablement » ; et Simone se souvient : « Sartre fit savoir qu'il ne deviendrait jamais un père de famille, ni même un homme marié », et l'avertit : « Prenez garde de ne pas devenir une femme d'intérieur. » Comme Héloïse peut donner une liste d'arguments contre les femmes, Simone de Beauvoir pourra parler de manière très négative de la féminité et du sexe féminin. Quant à la sexualité, elle a été aussi limitée (« Pour moi, la sexualité avec Sartre fut très, très importante les deux ou trois premières années »), et cette insuffisance provoque les mêmes pensées et les mêmes confidences : « le soir, l'obsession se réveillait, des milliers de fourmis couraient sur ma bouche ; dans les glaces, j'éclatais de santé et un mal secret pourrissait mes os... J'étais obligée d'admettre une vérité que depuis mon adolescence j'essayais de masquer : ses appétits débordaient ma volonté... mes langueurs solitaires sollicitaient n'importe qui ». En contrepoint de l'histoire d'amour, la plainte de Simone de Beauvoir finit par rejoindre celle d'Héloïse : « Qu'ai-je fait de ma liberté ?... Je mesure avec stupeur à quel point j'ai été flouée. »

« Pauvre Beauvoir, pauvre Sartre », conclut Joseph Barry, « c'est ainsi que se révèle la frustration d'une vie. »

« L'amour peut être un piège qui fait accepter aux femmes beaucoup de choses » confie Simone de Beauvoir.

Yves FERROUL.

Le texte traduit est composé de cinq lettres, numérotées traditionnellement de I à V : la lettre à un ami d'Abélard, ou *Histoire de mes malheurs* (récit de sa vie jusqu'à la fondation du Paraclet et les soins donnés à l'établissement des religieuses) ; la lettre d'Héloïse à Abélard suscitée par la lecture de ce texte ; la réponse d'Abélard à sa femme ; une deuxième lettre d'Héloïse, et la réponse correspondante d'Abélard. Dans la Patrologie latine (citée en abrégé PL tome, colonne) cet ensemble est suivi de lettres techniques ou doctrinales à propos de la règle des moniales et des détails de leur vie monastique. Nous avons ajouté un Dossier comprenant la partie se rapportant à Abélard de la lettre de Roscelin, ainsi que la lettre de Foulques. La traduction a été effectuée à partir des éditions du texte latin de la Patrologie latine, de Monfrin, de Hicks, de Muckle pour les lettres I à V, de la Patrologie latine pour les lettres de Roscelin et de Foulques.

HÉLOÏSE ET ABÉLARD

LETTRES ET VIES

LETTRE I

Lettre d'Abélard à un ami,
ou
Histoire de mes malheurs[1].

Abélard[2], en consolation à son ami[3].

Souvent les exemples sont plus efficaces que les paroles pour exciter ou apaiser les passions humaines. C'est pourquoi, après t'avoir quelque peu consolé en conversant avec toi quand tu étais là, j'ai décidé de t'écrire, en ton absence, une lettre de réconfort : elle te donnera en exemple mes propres expériences de malheurs afin que par comparaison tu reconnaisses que les tiennes ne sont rien, ou vraiment peu de chose, et que tu les estimes plus tolérables.

Le lieu de sa naissance.

Je suis né dans un bourg bâti à l'entrée de la Petite Bretagne, à huit milles de Nantes je crois, vers l'est. Son nom précis est Le Pallet[4]. Doté d'un esprit vif me venant de ma terre natale[5] ou de mes ancêtres, je révélai des dispositions naturelles pour les études littéraires. Mon père avait acquis une certaine culture avant de se distinguer militairement : par la suite, il se consacra aux lettres avec un tel amour qu'il décida que tous ses fils en seraient instruits avant d'apprendre les armes. Il en fut ainsi : et moi, son premier-né, il prit soin de me former avec d'autant plus d'attentions qu'il me chérissait davantage. Mes pro-

grès et mes facilités dans l'étude des lettres augmen-
tèrent l'ardeur de mon attachement à cette matière. Je
fus entraîné à un tel amour pour elles que j'abandon-
nai à mes frères[6] la pompe de la gloire militaire avec
l'héritage et les prérogatives du droit d'aînesse et
renonçai totalement à la cour de Mars pour être
nourri dans le sein de Minerve. Et puisque l'équipe-
ment philosophique que je préférais était constitué par
les armes de la raison dialectique[7], j'échangeai les
autres armes pour celles-ci et je choisis les assauts des
discussions plutôt que les triomphes des guerres.
C'est pourquoi je parcourus diverses provinces tout
en participant aux disputes scolaires partout où
j'entendis que l'étude de cet art était en honneur[8]. Je
devins ainsi l'émule des péripatéticiens.

La persécution exercée contre lui par son maître Guillaume.

Je parvins enfin à Paris[9] où la dialectique était déjà
par tradition extrêmement florissante. Guillaume de
Champeaux[10] fut naturellement mon maître, lui qui,
alors, dominait cet enseignement, par son savoir et par
sa renommée. Je demeurai quelque temps avec lui.
D'abord bien accueilli, je me révélai vite particulièrement insupportable car j'essayai de réfuter plusieurs
de ses explications[11], entrepris souvent de raisonner
contre lui, et me montrai quelquefois supérieur dans
la discussion. Ce qui, bien sûr, indigna d'autant plus
mes condisciples qui passaient pour les meilleurs que
j'étais le plus jeune et le dernier arrivé. C'est de là que
prirent naissance mes malheurs, qui ne sont pas
encore achevés, et plus s'étendait ma réputation, plus
la jalousie[12] des autres s'enflamma contre moi.

On en arriva au point que, présumant de mon intelligence au-delà des forces de mon âge, j'aspirai à diriger une école[13] alors que je n'étais qu'un jeune
homme. Je prévoyais comme localité possible une ville
d'une certaine importance à ce moment-là, celle de
Melun[14], résidence royale de surcroît. Mon maître se

douta de mon projet, et, s'efforçant d'éloigner le plus possible de lui mon établissement, il œuvra en sous-main par tous les moyens dont il disposait afin qu'avant mon départ de son école il ait empêché la préparation de la mienne et m'ait subtilisé le lieu prévu. Mais à cette époque il avait suscité bon nombre d'envieux parmi les puissants de la terre : fort de leur aide [15], je pus réaliser mon projet, et sa jalousie mani-feste me rallia plusieurs personnalités. Dès le début de mes cours, ma réputation dans l'art de la dialectique commença à se répandre au point d'étouffer peu à peu la renommée acquise non seulement par mes condisciples mais aussi par mon maître lui-même.

Ce qui m'amena à présumer encore plus de moi-même et à transférer au plus vite mon école dans la cité de Corbeil [16], plus proche de la ville de Paris. De là mon agressivité me fournirait des occasions plus fréquentes d'assauts oratoires. Mais je m'étais sacrifié sans mesure à mes études : au bout de peu de temps la maladie me contraignit à retourner dans mon pays natal. Eloigné de France pendant longtemps, je fus ardemment regretté par ceux que la science de la dia-lectique passionnait.

Quelques années s'écoulèrent [17]. J'étais depuis long-temps guéri de ma maladie lorsque mon maître, le fameux Guillaume, archidiacre de Paris, changea d'état pour devenir clerc régulier [18]. Il avait en tête, disait-on, de passer pour plus pieux et d'être promu de ce fait à une prélature plus élevée : c'est ce qui arriva très vite, puisqu'il fut promu évêque de Châ-lons [19]. Cependant ce changement de situation ne l'écarta ni de Paris ni de son habituelle étude de la philosophie, mais, dans le monastère même où il s'était retiré sous prétexte de piété, il donna aussitôt, et comme il en avait coutume, des cours publics [20]. Je revins alors à ses côtés afin d'apprendre de lui per-sonnellement la rhétorique. Je ne ménageais pas les efforts dans nos discussions et notamment je réussis, au moyen d'argumentations irréfutables, à le pousser à modifier lui-même, et mieux, à mettre en pièces, sa vieille doctrine sur les universaux. En effet sa théorie sur les éléments communs des universaux prouvait qu'une même caractéristique se retrouvait par essence en même temps tout entière dans chacun des individus du groupe, et donc que la diversité ne venait aucunement de l'essence : c'est la multiplicité des accidents qui entraînait la variété. Il corrigea alors sa théorie au point de dire ensuite que la même caractéristique était présente non par essence mais par absence de différences entre certains accidents[21]. Dans le problème des universaux, c'est ce point qui est le plus discuté chez les dialecticiens. La difficulté est telle que Porphyre aussi, quand il traite des universaux dans ses *Introductions,* n'a pas la prétention d'entrer dans des précisions et dit : « Cette tâche est en effet trop grande[22]. » Quand mon maître eut corrigé sa théorie ou plutôt eut été contraint de la rejeter, son autorité s'effondra et son enseignement fut négligé au point d'être difficilement accepté même sur toutes les autres parties de la dialectique, comme si la totalité de cette discipline se résumait en cette théorie sur les universaux.

A partir de là mon propre enseignement acquit une telle vigueur et une telle autorité que ceux qui auparavant étaient les partisans les plus passionnés de mon maître Guillaume et attaquaient le plus ma science se rendirent avec empressement à mes cours. Celui-là même qui avait succédé à mon maître dans l'école épiscopale de Paris m'offrit son poste et se soumit comme tous les autres à mon enseignement sur les lieux exacts où auparavant avait fleuri celui de notre maître à tous les deux. Mais j'enseignais la dialectique depuis peu de jours dans cette chaire lorsque mon maître se mit à se consumer de jalousie et à bouillir de dépit à un point difficile à évoquer. Ne pouvant contenir longtemps l'ardeur de son ressentiment, il chercha adroitement à m'éloigner encore. Et comme il ne pouvait rien mettre en œuvre ouvertement contre moi, il entreprit de faire retirer son enseignement à celui qui m'avait abandonné la chaire. Il usa à son

égard des pires accusations et lui substitua quelqu'un
qui serait mon rival sur ce poste.

Alors je revins à Melun et y établis mon école
comme auparavant. Et plus il me poursuivait ouvertement de sa jalousie, plus il accroissait mon autorité,
car, selon le poète :

C'est aux sommets que s'attaque la jalousie,
ce sont les lieux les plus élevés que balaient les vents.

> Ovide, *Remèdes à l'amour*, I, 369.

Peu après, Guillaume comprit que presque tous les
responsables se posaient des questions sur sa piété. La
réalité de sa conversion suscitait des commentaires
insistants parce qu'il n'avait pas vraiment quitté Paris.
Il se transporta alors avec son petit groupe de frères
dans un bourg éloigné de la ville afin d'y donner ses
cours. Aussitôt je revins de Melun à Paris, espérant
qu'il me laisserait dorénavant en paix. Mais, comme je
l'ai dit, il avait fait occuper ma chaire par un rival, et je
dus installer mon école hors de la ville, sur la montagne Sainte-Geneviève[23], comme un camp pour
assiéger celui qui avait occupé mon poste.

Dès qu'il l'apprit, mon maître revint sans vergogne
à Paris avec son petit groupe de frères. Il réintégra
dans son ancien monastère les enseignements qu'il
pouvait alors avoir et semblait vouloir libérer de mon
siège son chevalier qu'il avait laissé sur place. Il imagi-
nait lui être utile, mais en réalité il lui causa beaucoup
de tort. Cet enseignant avait auparavant quelques disciples, surtout grâce à son cours sur Priscien où il passait pour très compétent. Le retour de Guillaume les
lui fit perdre presque tous et il fut contraint d'abandonner la direction de l'école. Peu après, comme s'il
désespérait déjà d'un avenir de gloire humaine, il se
convertit à la vie monastique.

A partir de la rentrée de mon maître à Paris mes
étudiants s'opposèrent à Guillaume et à ses disciples
dans des discussions d'école[24]. Les événements t'ont
informé des succès que dans ces disputes la fortune a
offerts aux miens et, à travers eux, à moi-même. Ce
qui me donne l'audace de prononcer ces paroles
d'Ajax, mais avec plus de retenue, je l'espère :

> Si tu cherches l'issue de ce combat,
> je n'ai pas été dominé par lui.
> Ovide, *Métamorphoses*, XIII, 89-90.

Si je taisais mon succès, les faits eux-mêmes le proclameraient et leur issue le signalerait[25].

Mais pendant ces événements ma mère très chérie, Lucie, me fit rentrer dans ma patrie : mon père, Bérenger, avait prononcé les vœux monastiques et elle se disposait à agir de même[26]. La cérémonie achevée, je revins en France. Je désirais apprendre la théologie[27], maintenant que mon maître souvent nommé, Guillaume, trônait comme évêque de Châlons. Dans cet enseignement, c'était son propre maître, Anselme de Laon[28], qui possédait la plus grande autorité, depuis longtemps.

A Laon, auprès du maître Anselme.

J'arrivai donc auprès de ce vieillard qui devait sa renommée plus à une longue pratique qu'à son intelligence ou à sa mémoire. Si on était dans le doute et qu'on l'abordait pour l'interroger sur un problème quelconque, on le quittait en doutant encore plus. Admirable certes aux yeux de qui l'écoutait, Anselme était nul à l'examen de qui l'interrogeait. Sa maîtrise de la parole était merveilleuse, mais son jugement, méprisable et vide de logique. Quand il allumait un feu, il remplissait sa maison de fumée au lieu de l'illuminer de sa lumière. Son arbre tout en feuilles paraissait remarquable à tous ceux qui le considéraient de loin, mais s'ils s'approchaient et observaient plus attentivement ils le trouvaient sans fruits[29]. Et comme je m'étais approché de lui afin d'en cueillir, je pris conscience qu'il était le figuier maudit par le Seigneur (*Marc*, XI,13), ou le vieux chêne auquel Lucain compare Pompée :

> Il se dresse, ombre d'un grand nom,
> Comme un chêne majestueux sur un terrain fertile, etc.
> Lucain, *Pharsale*, I, 135-6.

Une fois cela compris, je ne restai pas beaucoup de jours oisif dans son ombre, et m'absentai progressivement de plus en plus souvent de ses leçons. Certains de ses disciples les plus éminents alors supportèrent difficilement ma conduite, comme si je me montrais méprisant envers un si grand maître. L'excitant en secret contre moi, ils le rendirent jaloux par leurs tortueuses insinuations. Et un jour que nous, les étudiants, nous plaisantions ensemble après des exercices sur les sentences [30], quelqu'un, dans l'intention de me mettre à l'épreuve, m'interrogea sur ce que je pensais des cours sur les livres saints, moi qui n'avais jamais étudié que la philosophie. Je répondis que le travail de ces cours où l'on apprenait à sauver son âme était certes extrêmement salutaire, mais j'étais très étonné que des gens instruits ne se contentent pas des textes eux-mêmes et de leurs gloses afin de comprendre les exposés des livres saints et recourent à une autre autorité [31]. Presque tout le monde éclata de rire ! On me demanda si moi j'en étais capable et si j'aurais l'audace de le tenter. Je répondis que, s'ils le voulaient, j'étais prêt pour l'épreuve. Alors, criant et se moquant de plus belle : « Bien sûr que nous sommes d'accord », dirent-ils. « Nous chercherons et te présenterons un texte commenté [32] d'une partie peu connue de l'Écriture, et nous jugerons si tu tiens ta promesse. » Et tous se mirent d'accord sur une prophétie bien obscure d'Ezéchiel. Dès la réception de ce texte, je les invitai pour le lendemain à mon exposé. Ils me conseillèrent, malgré ma volonté contraire, de ne pas me hâter pour une entreprise aussi importante, et de consacrer plus de temps à approfondir mon sujet et à l'argumenter, vu mon inexpérience. Mais, vexé, je répondis que ce n'était pas mon habitude de m'en remettre à l'expérience au lieu de l'inspiration [33] ; et j'ajoutai que je renonçais à tout s'ils n'acceptaient pas de venir à mon cours au jour que j'avais décidé. Bien sûr il y eut peu de présents à ma première leçon, car tous trouvaient ridicule que je l'aborde avec autant de hâte alors que j'étais jusqu'alors presque sans aucune expérience de

l'enseignement des textes sacrés. Cependant ceux qui
y assistèrent trouvèrent ma leçon agréable, au point
que chacun en parla élogieusement et qu'ils me pous-
sèrent à continuer ma lecture et mon explication.
L'ayant appris, les absents se mirent à accourir au
deuxième et au troisième cours, et tous également
désirèrent d'abord recopier les commentaires que
j'avais commencés le premier jour.

La persécution d'Anselme à son égard.

C'est à partir de là que le vieillard ci-dessus
nommé, bouleversé par une violente jalousie et excité
par les insinuations de certains à mon égard, comme
je l'ai dit plus haut, entreprit de me persécuter dans
mes cours sur les saintes Écritures tout comme auparavant Guillaume en philosophie. Il y avait alors dans
l'école de ce vieillard deux étudiants qui dépassaient à
l'évidence tous les autres, Albéric de Reims et
Lotulphe le Lombard[34]. Ils étaient d'autant plus
enflammés contre moi qu'ils étaient très fiers d'eux-
mêmes[35]. Leurs insinuations perturbèrent le vieil
homme, comme on le comprit plus tard, au point qu'il
eut l'impudence de m'interdire d'exercer plus longtemps sur le lieu même de son propre magistère le travail de glose que j'avais commencé. Il mettait en avant
une bonne raison : c'est à lui qu'on imputerait toute
erreur qui m'échapperait par suite de mon ignorance
dans cet enseignement. Lorsque les étudiants
apprirent cette décision, ils éprouvèrent une indignation extrême devant une calomnie si manifestement
due à la jalousie et dont j'étais le premier à être frappé.
Mais plus cette jalousie se manifestait, plus elle
m'honorait, et sa persistance concourait à ma gloire[36].

Le nouvel épanouissement parisien.

Peu de jours après, redevenu parisien[37], je repris tranquillement possession pour quelques années de l'école qui m'était déjà depuis longtemps destinée et réservée, mais d'où j'avais été expulsé une première fois. Et là, dès le début de mes cours, je menai à bien l'étude des gloses d'Ezéchiel que j'avais abordée à Laon. Elles devinrent si compréhensibles à leurs lecteurs qu'ils crurent que j'avais acquis dans l'enseignement de la théologie pas moins de crédit qu'ils m'en voyaient en philosophie. Je multipliai alors excessivement les cours dans ces deux disciplines, ce qui me procura abondance financière et gloire[38] : la renommée ne t'a pas permis de l'ignorer.

Mais la prospérité toujours enfle les sots ; la tranquillité du monde énerve la vigueur de l'esprit et la dissout facilement par les séductions charnelles. J'estimais être le seul philosophe au monde, je ne craignais plus aucun ennui dans l'avenir. Je me mis alors à lâcher la bride à mes désirs[39], moi qui auparavant avais vécu rigoureusement continent. Et plus j'avançais en philosophie et en théologie, plus l'impureté de ma vie m'éloignait des philosophes et des théologiens. Car il est évident que c'est par l'éclat de leur continence que les philosophes brillaient, puisqu'ils n'étaient pas croyants et ne pouvaient pas être poussés par les leçons de l'enseignement sacré. Mais moi je vivais plongé dans l'orgueil et la luxure. C'est alors que malgré moi la grâce divine me fournit le remède à ces deux maladies. D'abord à la luxure, ensuite à l'orgueil. A la luxure en me privant de ce qui me permettait de la pratiquer ; à l'orgueil, qui me naissait de ma science et de ma culture (selon la parole de l'Apôtre : « la science le fait enfler », *I Cor.*, VIII, 1), en m'humiliant par la condamnation au feu de ce livre dont je me glorifiais le plus. Maintenant, je veux que tu connaisses ces deux histoires : mon récit des événements dans leur ordre exact sera plus vrai que les on-dit.

J'avais toujours tenu en abomination l'impudicité des prostituées ; mon assiduité aux études m'avait écarté de la présence et de la fréquentation des femmes de la noblesse, et je n'avais pas eu de relations avec les femmes ordinaires. La fortune, mauvaise à mon égard, comme on dit, me fit tomber sur une opportunité plus agréable afin de me précipiter d'autant plus facilement du haut de ma grandeur ; ou plutôt, j'étais un homme trop orgueilleux et oublieux de la grâce reçue, et la miséricorde divine voulut m'humilier pour me rattacher à elle.

Devenu amoureux d'Héloïse, il en retira une blessure de l'esprit et une blessure du corps.

Il y avait dans la ville même de Paris une toute jeune fille du nom d'Héloïse [40], nièce d'un chanoine appelé Fulbert. Celui-ci la chérissait au plus haut point et mettait tout son zèle à la pousser le plus loin dans l'étude de toute science possible. Sans être la dernière par la beauté, elle était la toute première par la richesse de son savoir. La rareté de la connaissance littéraire chez les femmes mettait encore plus nettement en valeur cette jeune fille et la rendait extrêmement célèbre dans tout le royaume [41]. Je vis en elle tout ce qui séduit habituellement les amants, et jugeai assez commode de l'unir à moi amoureusement. Je crus pouvoir y parvenir très facilement : j'avais alors une telle renommée, j'étais tellement remarquable par ma jeunesse et ma beauté, que je ne craignais pas d'être repoussé par n'importe quelle femme que je jugerais digne de mon amour. Et j'étais persuadé que cette jeune fille serait d'autant plus facilement d'accord que je la savais savante en lettres et qu'elle aimait cette discipline : en cas d'absence nous pourrions échanger des missives qui nous permettraient de nous rendre présents l'un à l'autre, de nous écrire avec plus d'audace que nous en aurions en parlant, et ainsi de vivre toujours des échanges agréables.

Enflammé par l'amour de cette toute jeune fille, je

recherchai l'occasion qui permettrait d'établir avec
elle une intimité de rapports familiers et quotidiens et
de l'attirer plus facilement à partager mes vues. Pour y
parvenir, je fis intervenir des amis de son oncle afin
d'entrer en relation avec lui et lui proposer de
m'accepter dans sa maison, qui était très proche de
mon école, contre le prix d'une pension à son gré. Je
prétextai que le souci domestique de ma demeure
entravait beaucoup mes études et qu'une dépense
excessive m'accablait. Or il était extrêmement cupide
et particulièrement attaché à ce que sa nièce progresse
toujours davantage dans la connaissance des lettres. Je
gagnai donc facilement son assentiment à mes deux
propositions et obtins ce que je souhaitais, d'autant
qu'il était obnubilé par l'argent et persuadé que sa
nièce profiterait de mon enseignement : il insista particulièrement sur ce point. Il accédait ainsi à mes vœux
au-delà de ce que j'osais espérer et favorisait mon
amour en la livrant tout entière à ma direction : tout
mon temps libre au retour de mon école, aussi bien le
jour que la nuit, je le consacrerai à son instruction, et
si je la sentais négligente, je pourrai la châtier sévèrement [42]. Sur ce point sa naïveté fut extraordinaire et
j'éprouvais la même stupeur que s'il avait abandonné
une tendre agnelle à un loup affamé. En me la livrant
non seulement afin que je l'instruise mais aussi afin de
la châtier sévèrement, que faisait-il donc sinon donner
pleine liberté à mes désirs, et m'offrir, même si je ne
l'avais pas voulu, l'opportunité de la faire plier plus
aisément par des menaces et des coups, si la séduction
échouait ? Mais il y avait deux motifs qui le détour-
naient totalement de tout soupçon déshonorant, son
amour pour sa nièce et ma réputation de continence.

Qu'ajouter ? D'abord une même demeure nous réunit, puis un même état d'esprit. Sous le prétexte d'étudier, nous nous sommes abandonnés totalement à la
passion, et les rendez-vous secrets que souhaite
l'amour, les leçons nous les offraient. Les livres
ouverts, nous échangions plus de paroles sur l'amour
que sur le texte, il y avait plus de baisers que d'expli-

cations ; mes mains revenaient plus souvent à ses seins
qu'aux livres, l'amour amenait nos yeux à le chercher
dans les yeux de l'autre plus fréquemment que la lecture ne les dirigeait vers les textes. Pour susciter le
moins de soupçons possible, l'amour m'amenait à lui
donner parfois des coups : l'amour, non l'exaspération ; la gratitude, non la colère ! Et ces coups dépassaient en douceur tous les baumes[43]. Quoi enfin ?
Notre désir ne nous fit délaisser aucune des étapes
amoureuses, et nous y ajoutâmes toutes les inventions
insolites de l'amour. Moins nous avions été habitués à
ces joies, plus nous nous y adonnions avec ardeur, et
moins elles risquaient de devenir fastidieuses[44].

Mais aussi, plus cette volupté s'emparait de moi,
moins je pouvais me consacrer à la philosophie et
m'occuper de mon enseignement. Il me devenait infiniment pénible d'aller à mes cours ou d'y passer du
temps. J'étais de plus épuisé car je consacrais mes
nuits à l'amour et mes journées à l'étude. J'étais si
négligent et si paresseux pour mes cours que je ne
disais plus rien par inspiration, mais que tout venait
par routine : je n'étais rien d'autre que le récitant de
mes anciennes découvertes. S'il m'était possible
d'écrire, c'étaient des chants d'amour et non des
secrets de philosophie. Du reste beaucoup de ces
chants sont encore aujourd'hui fréquemment chantés
dans de nombreuses régions, comme tu le sais bien
toi-même, surtout par ceux qui vivent avec bonheur la
même expérience[45]. La tristesse qui s'empara de mes
étudiants, leurs gémissements, leurs lamentations
lorsqu'ils devinèrent cette préoccupation de mon
esprit, ou plutôt cette perturbation, il n'est pas facile
même de l'imaginer.

Une situation aussi claire ne pouvait tromper que
peu de gens et même personne, je crois, si ce n'est
celui à la honte de qui elle tournait, l'oncle lui-même
de la jeune fille. Il y eut de fréquentes allusions, venant
d'un grand nombre de personnes, mais lui ne pouvait
y ajouter foi tant, je l'ai déjà dit, à cause de son amour
sans mesure pour sa nièce qu'à cause de ma réputa-

tion de continence dans ma vie passée. Car il n'est pas facile de soupçonner l'infamie chez ceux que nous aimons le plus, et la souillure d'une suspicion honteuse ne peut pénétrer un amour intense. Comme l'écrit saint Jérôme à Castricien : « Nous connaissons toujours en derniers les maux de notre maison, et ignorons les vices de nos enfants et de nos épouses alors même que nos voisins les chantent sur les toits[46]. » Mais ce que l'on sait en tout dernier, il faut le savoir de toute façon un jour, et ce que tout le monde connaît, il n'est pas facile de le cacher à un seul. Après plusieurs mois, c'est ce qui arriva pour notre aventure.

Quelle douleur pour l'oncle en apprenant cette nouvelle ! Quelle douleur pour les amants eux-mêmes à leur séparation ! Quelle honte et quelle confusion pour moi ! Quel accablement s'abattit sur moi devant la souffrance de mon amie ! Quelle infinie tristesse la bouleversa devant ma honte ! Chacun de nous ne se plaignait pas de ce qui lui arrivait, mais de ce qui touchait l'autre ; chacun se lamentait non de ses ennuis mais de ceux que subissait l'autre. La séparation des corps rendait plus grande l'union des cœurs, l'impossibilité de nous unir enflammait davantage notre amour. Les tourments de la honte furent bientôt du passé, et cela nous ôtait toute pudeur, c'est-à-dire qu'il nous arriva ce que la fable des poètes raconte de Mars et de Vénus une fois pris[47].

Mais peu après mon amie découvrit qu'elle avait conçu et me l'écrivit sur-le-champ avec les plus grands transports de joie : elle désirait connaître mes décisions. Une nuit, comme nous en étions convenus, je l'enlevai en cachette de la demeure de son oncle en son absence, et l'envoyai sans délai dans ma patrie ; là elle demeura chez ma sœur le temps nécessaire pour mettre au monde un garçon qu'elle appela Astrolabe[48].

Mais son oncle, à son retour, devint presque fou, bouleversé par la douleur et affecté par la honte à un point tel que personne ne peut l'imaginer sans être passé par cette épreuve. Mais que tenter contre moi, quels pièges me tendre, il l'ignorait. S'il me tuait ou me causait une quelconque mutilation, il craignait surtout que sa nièce si chérie ne le paie puisqu'elle était chez les miens. Il n'avait absolument pas la possibilité de me saisir et de m'enfermer malgré moi quelque part, surtout parce que je prenais de grandes précautions, ne doutant pas qu'il m'attaquerait au plus vite s'il en avait la possibilité ou l'audace.

Cependant, compatissant quelque peu à l'excès de sa douleur et m'accusant moi-même de la tromperie que l'amour m'avait fait accomplir comme de la plus grande trahison, je rencontrai le bonhomme, le suppliai, lui promis toute réparation qu'il déciderait lui-même[49]. J'affirmai qu'un tel événement ne pouvait paraître étonnant à quiconque aurait expérimenté la force de l'amour et garderait en mémoire dans quelles ruines les femmes ont précipité les plus grands hommes dès le début du genre humain. Et dans le but de l'apaiser au-delà de ce qu'il pouvait espérer, je me suis offert à lui donner satisfaction en m'unissant par le mariage celle que j'avais déshonorée, pourvu que celui-ci ait lieu secrètement[50], afin que ma réputation ne soit pas touchée. Il donna son assentiment, engagea tant sa foi que celle des siens dans l'accord que je lui réclamais, et il m'embrassa. C'était pour mieux me trahir.

Les exhortations de la jeune femme pour le détourner du mariage.

Je revins immédiatement dans ma patrie et en ramenai mon amie afin de l'épouser. Mais elle approuvait fort peu ce projet[51] et cherchait à m'en dissuader avec deux arguments, le danger couru et le déshonneur. Elle affirmait aussi qu'aucun dédommagement n'apaiserait son oncle, ce qui se vérifia par la suite. Elle se demandait quelle gloire elle aurait de moi lorsqu'elle m'aurait fait perdre la mienne et nous aurait plongés dans l'humiliation l'un comme l'autre. Quelles peines le monde devrait exiger d'elle si elle lui enlevait une si grande lumière? Quelles malédictions, quels dommages pour l'Eglise, quelles larmes pour les philosophes ce mariage entraînerait-il? Quelle indécence, quel acte lamentable que de livrer moi-même à une seule femme, et de soumettre à une si grande honte, celui que la nature avait créé au profit de tous? Elle maudissait avec violence ce mariage parce qu'en tout il me serait une charge infamante, et elle mettait devant mes yeux aussi bien cette infamie que cette charge, deux conséquences que l'apôtre nous exhorte à éviter : « Tu es libre d'épouse? Ne cherche pas une épouse. Mais si tu as accepté une épouse, tu ne pèches pas; de même, si une vierge se marie, elle ne pèche pas. Mais en agissant ainsi vous subirez les tribulations de la chair. Moi je voudrais vous épargner etc. » De même : « Je veux que vous soyez sans les soucis, etc. » (I *Cor.*, VII, 27-28, 32.) Et si je n'acceptais pas l'avis de l'apôtre ni les exhortations des saints sur le poids du joug conjugal, du moins, disait-elle, que je prenne l'avis des philosophes et sois attentif à ce qu'ils ont écrit sur le sujet ou à ce que l'on a écrit sur eux : c'est de cette façon que les saints ont souvent agi, pour nous avertir. Ainsi saint Jérôme, dans sa première lettre *Contre Jovinien*, loue Théophraste. Celui-ci exposait avec soin les désagréments intolérables et les inquiétudes perpétuelles du mariage avant de prouver par des raisons limpides que l'on ne devait pas préférer une épouse à la sagesse. Jérôme conclut ainsi son argumentation pour exhorter à la philosophie : « Avec un tel raisonnement, quel chrétien Théophraste ne confondrait-il pas[52]? » Dans le même texte, saint Jérôme dit aussi : « Hirtius demandait à Cicéron si, après la répudiation de Térentia, il désirait épouser sa sœur. Cicéron refusa car, disait-il, il ne pouvait se consacrer à égalité à une épouse et à la philosophie[53]. » Il ne dit pas seulement « se consacrer », mais ajoute « à égalité », ne voulant pas d'une activité qui demanderait autant d'attachement que la philosophie.

Maintenant, ajoutait-elle, ne tiens plus compte de

cet obstacle au mariage qu'est la philosophie et examine la situation qu'entraînerait une intimité conforme à la morale. Quel lien en effet entre les activités scolaires et les domestiques, les écritoires et les berceaux, les livres ou les tablettes et les quenouilles, les stylets ou les plumes et les fuseaux[54]? Qui donc, absorbé par les méditations religieuses ou philosophiques pourrait supporter les vagissements des enfants, les chansons des nourrices pour les apaiser, la foule bruyante des serviteurs et des servantes? Quel dégoût à endurer la saleté continuelle des enfants petits. Cela, diras-tu, les riches le peuvent; leurs palais ou leurs vastes demeures offrent des lieux retirés; grâce à leur opulence ils ne se ressentent pas des dépenses et ne sont pas torturés par les soucis quotidiens. Mais la condition des philosophes n'est pas celle des riches, et ceux qui se soucient de leurs richesses ou sont engagés dans le monde ne consacrent pas de temps aux obligations liées à la théologie ou à la philosophie.

C'est pourquoi les grands philosophes de l'Antiquité méprisaient totalement le monde. Ils ne se contentaient pas de le délaisser, mais ils le fuyaient et s'interdisaient toutes les voluptés afin de trouver la paix dans les bras de la seule philosophie. L'un d'eux et le plus grand, Sénèque, instruisant Lucilius, dit : « Ce n'est pas quand tu n'auras rien à faire qu'il te faudra philosopher... Tout est à négliger afin d'être assidu auprès de la philosophie, le temps qu'on lui consacre n'est jamais assez long... C'est presque la même chose de négliger totalement la philosophie que de la pratiquer par intermittence, puisqu'elle nous abandonne lorsqu'elle est interrompue... Il faut résister aux autres occupations, ne pas chercher à les débrouiller, mais les écarter purement et simplement. » (LXXII, 3.)

Aujourd'hui, parmi nous, les religieux authentiques supportent par amour de Dieu ce que les nobles philosophes païens enduraient par passion de la philosophie. Car dans chaque peuple, païen, juif ou chrétien, des hommes ont toujours surgi qui dépassèrent tous les autres par leur foi ou l'honnêteté de leurs mœurs. La singularité de leur continence ou de leur abstinence les détachait de la foule. Chez les juifs mêmes, dans l'Antiquité, il y eut les Nazaréens [55], qui se consacraient au Seigneur selon la Loi; ou les fils des prophètes, sectateurs d'Elie ou d'Elisée (II *Rois*, VI, 1), que l'Ancien Testament nous présente comme de vrais moines, au témoignage de saint Jérôme [56]; ou, plus proches, les trois sectes philosophiques que Josèphe distingue dans son livre *Des Antiquités* (XVIII, 1, 11), et nomme Pharisiens, Saducéens et Esséniens. De nos jours, il y a les moines qui imitent ou la vie en communauté des apôtres ou celle d'abord solitaire de Jean-Baptiste [57]. Et auprès des païens, comme il a été dit, il y eut les philosophes. Ils ne reliaient pas les noms de sagesse ou de philosophie à la maîtrise de la connaissance, mais à l'engagement de la vie, comme nous l'apprenons par la propre origine de ces noms ainsi que par le témoignage des saints eux-mêmes. Saint Augustin, au livre VIII de *La Cité de Dieu*, distingue les différents genres de philosophies et explique :

> Le genre italien a eu comme fondateur Pythagore de Samos par qui, dit-on, a été créé le nom même de philosophie. Auparavant ceux qui paraissaient se distinguer des autres par une vie digne de louanges étaient appelés « sages ». Pythagore, lui, interrogé sur sa profession, répondit qu'il était philosophe, c'est-à-dire qu'il était dévoué à la sagesse et l'aimait, et que se prétendre sage lui semblait trop arrogant.

Que dans cet ouvrage il soit dit « qui paraissaient se distinguer des autres par une vie digne de louanges » montre à l'évidence que les sages païens, c'est-à-dire les philosophes, sont ainsi nommés à partir de la gloire de leur vie plus que de celle de leur science. Toutefois, insistait Héloïse, ce n'est pas mon propos de recueillir des exemples de leur vie sobre et continente car je ne veux pas paraître donner la leçon à Minerve elle-même. Mais si des laïcs et des païens ont pu vivre

ainsi, sans la contrainte d'une profession de foi religieuse, que te faut-il faire, toi, clerc et chanoine, afin
de ne pas préférer les voluptés honteuses à tes charges
sacrées, ni te précipiter dans cette Charybde, ou, sans
vergogne, te plonger irrévocablement dans ces obscénités ? Et si tu ne te soucies pas de la grandeur du
clerc, du moins défends la dignité du philosophe ; si tu
méprises la révérence due à Dieu, tempère au moins
ton impudence par l'amour de l'honneur. Souviens-
toi que Socrate fut marié et de quel ignominieux malheur il dut lui-même racheter cette souillure faite à la
philosophie afin que son exemple rende désormais les
autres plus prudents. Jérôme lui-même s'en souvient
dans le *Contre Jovinien* :

> Un jour Socrate tenait tête à sa femme qui, d'un
> étage, l'assaillait d'insultes sans fin. Du coup elle
> l'arrosa d'eau sale. Le philosophe s'essuya la tête et
> répliqua simplement : « Je savais bien que ce tonnerre
> devait être suivi de pluie[58] ! »

Héloïse ajoutait enfin qu'il était dangereux pour
moi de la ramener à Paris. Quant à elle, elle aimerait
mieux et trouvait plus honorable pour moi d'être dite
mon amie[59] plutôt que mon épouse, afin de me
conserver seulement par les sentiments, sans la
contrainte du lien conjugal. Séparés au gré des circonstances, nous éprouverions d'autant plus de joie
de nos retrouvailles qu'elles seraient plus rares[60]. Ces
arguments, ainsi que d'autres du même genre, visaient
selon le cas à me persuader ou à me dissuader, mais
elle ne parvenait pas à fléchir ma sottise ni à prendre
sur elle de me heurter de front[61]. Elle termina donc
son argumentation dans les soupirs et les larmes :
« Finalement une certitude nous reste : dans notre
perdition à tous deux, la souffrance sera non moins
grande que l'amour qui l'a précédée. » Et sur ce point,
comme le monde entier l'a reconnu, elle ne manqua
pas de l'esprit de prophétie.

Notre petit enfant naquit. Nous le confiâmes à ma
sœur[62] et rentrâmes secrètement à Paris. Quelques
jours plus tard, après avoir prié de nuit et secrètement

à l'office célébré dans une église quelconque, nous avons été unis au point du jour par la bénédiction nuptiale en présence de l'oncle d'Héloïse et de quelques amis à lui comme à moi. Puis nous nous séparâmes pour nous retirer discrètement et nous ne nous vîmes plus ultérieurement sinon en de rares et confidentielles occasions car nous dissimulions soigneusement ce que nous avions accompli. Mais son oncle et sa famille recherchaient une compensation à leur honte. Ils se mirent à divulguer le mariage et à violer la parole qu'ils m'avaient donnée. Héloïse au contraire rejetait leurs affirmations et jurait qu'elles étaient totalement fausses[63]. Hors de lui, son oncle se mit à la frapper fréquemment.

Lorsque je l'appris, je fis passer Héloïse dans une abbaye de religieuses proche de Paris, à Argenteuil, où elle-même petite fille avait été élevée et éduquée. Je lui fis faire les vêtements religieux qui convenaient à sa nouvelle vie au monastère, excepté le voile, et les lui fis revêtir. A cette nouvelle, son oncle et toute sa famille, directe ou par alliance, crurent que je me jouais d'eux et que j'avais fait d'Héloïse une religieuse pour m'en débarrasser facilement[64]. Profondément indignés, ils complotèrent contre moi. Ils corrompirent pour de l'argent un de mes serviteurs et, une nuit que je me reposais et dormais dans une chambre retirée de ma demeure, ils me punirent par la plus cruelle et la plus honteuse des vengeances, telle que le monde l'apprit avec une extrême stupeur : ils m'amputèrent de ces parties de mon corps au moyen desquelles j'avais commis ce dont ils se plaignaient[65]. Les agresseurs s'enfuirent mais deux d'entre eux purent être repris et furent condamnés à la perte des yeux et des testicules[66]. L'un était ce serviteur dont j'ai parlé, qui demeurait avec moi à mon service, et qui fut conduit à trahir par cupidité.

La plaie du corps.

Au matin, toute la ville se réunit autour de moi, muette de stupéfaction ou s'abandonnant aux lamentations. Il est difficile et même impossible d'exprimer combien leurs cris m'ont tourmenté, leurs plaintes mis en désarroi. Ce sont surtout les clercs et principalement mes étudiants qui me crucifiaient de leurs lamentations et de leurs gémissements insupportables. Je souffrais beaucoup plus de leur compassion que de ma blessure ; j'étais plus éprouvé de rougir que d'être blessé, plus affecté par la honte que par la douleur. Mes pensées se bousculaient : il y a peu j'étais riche d'une immense gloire. Avec quelle facilité un honteux coup du sort l'avait abaissée, ou plutôt détruite de fond en comble ! Quelle juste décision de Dieu m'avait frappé dans cette partie de mon corps par laquelle j'avais péché ! Quelle juste trahison je recevais en retour de celui que j'avais auparavant trahi ! Par quelles louanges mes rivaux ne vont-ils pas vanter une si manifeste équité ! Quel accablement d'une douleur sans fin ma plaie allait-elle apporter à mes parents et à mes amis ! Quelle inflation allait toucher l'infamie d'un seul être pour qu'elle puisse se répandre dans l'univers ! Quelle route devant moi désormais ! Avec quelle contenance me produire en public, quand je ne pourrai qu'y être montré du doigt par tous, mis en pièces par toutes les conversations, regardé par tous comme un monstre !

Ma confusion venait aussi de ma connaissance de la Loi. Littéralement elle était meurtrière ! Les eunuques y sont tellement abhorrés par Dieu que les hommes rendus eunuques par l'amputation ou l'écrasement des testicules se voient interdire l'entrée de l'église comme à des êtres infects et immondes. Les animaux châtrés, eux, sont rejetés des sacrifices :

> Tout animal dont les testicules auront été écrasés, rasés, coupés ou arrachés, tu ne l'offriras pas au Seigneur, *Livre des Nombres*, ch. LXXIV.

L'eunuque dont les testicules ont été écrasés ou

amputés, ou la verge coupée, ne sera pas admis à l'assemblée de Dieu, *Deutéronome*, ch. XXI[67].

Accablé par un tel malheur, je me réfugiai dans un cloître, poussé, je l'avoue, plus par la confusion dans laquelle m'avait jeté la honte que par un vœu dû à la volonté de changer de vie. Héloïse avait déjà pris le voile sur mon ordre[68], tout naturellement, et était entrée au monastère. Tous deux nous prîmes l'habit sacré en même temps, moi dans l'abbaye de Saint-Denis, elle au monastère d'Argenteuil. Beaucoup eurent pitié d'elle et cherchèrent vainement à détourner cette adolescente du poids de la règle monastique comme d'une charge intolérable. Je me souviens qu'Héloïse se lança comme elle pouvait au milieu des larmes et des sanglots dans la récitation des plaintes de Cornélie :

> Oh le plus grand des époux,
> Tu ne méritais pas d'être contraint à ma couche !
> Mon destin avait-il ce droit sur une tête si noble ?
> Pourquoi ai-je eu l'impiété de t'épouser si je dois
> [te rendre malheureux ?
> Eh bien ! tire de moi un châtiment,
> C'est moi qui demande à expier.
>
> Lucain, *Phars.*, VIII, 94-98.

Et elle s'avançait vers l'autel tout en récitant ces vers. Elle reçut de l'évêque le voile béni et prononça la profession de foi monastique qui la liait aux yeux de tous.

Je commençais à peine à me remettre de ma blessure que des clercs affluèrent vers moi[69]. Ils nous suppliaient continuellement, l'abbé et moi-même, nous sollicitant avec insistance pour que ce que j'avais fait jusque-là par goût du lucre ou de la gloire, maintenant je m'y consacre par amour de Dieu. Un talent m'avait été confié par le Seigneur, qui serait réclamé par Lui-même avec usure. Jusqu'alors je m'étais soucié des riches, dorénavant je m'appliquerai à l'enseignement des pauvres. Ces événements m'avaient prouvé que la main du Seigneur m'avait frappé à présent. Elle me libérait des tentations charnelles[70] et de la vie tumultueuse du monde afin que je sois disponible pour les études littéraires : je deviendrai le vrai philosophe, non plus du monde, mais de Dieu.

L'abbaye où je m'étais réfugié menait une vie mondaine et fort honteuse. L'abbé lui-même surpassait tous les autres autant par la dissolution de sa vie et la notoriété de sa conduite honteuse que par la prééminence de son rang[71]. Je me mis à dénoncer fréquemment et fermement leurs intolérables obscénités, en privé comme en public, et devins pour tous un poids odieux au-delà de toute mesure[72]. Ils se réjouirent donc de l'insistance quotidienne de mes disciples et saisirent l'occasion pour m'éloigner d'eux.

Longtemps les étudiants firent pression et revinrent à la charge, intraitables. Mon abbé et les frères s'en mêlèrent. Je finis par me retirer dans un sanctuaire[73] et repris mes habitudes d'enseignant. Mes cours attirèrent une telle foule d'étudiants que la place manqua pour les loger et la terre pour les nourrir. En accord avec ma profession religieuse je me consacrais surtout aux cours de théologie. Mais je ne délaissais pas totalement les arts libéraux dont j'avais plus l'habitude et que beaucoup me réclamaient : j'en fis une sorte d'hameçon pour les appâter par la saveur de la réflexion et les attirer ainsi à des cours de pure philosophie, à la manière du plus grand des philosophes chrétiens, Origène, d'après l'*Histoire ecclésiastique*[74]. Le Seigneur semblait m'avoir accordé autant de dons pour l'enseignement des textes sacrés que pour les sciences profanes. Mes cours commencèrent vraiment à se multiplier dans l'une et l'autre matière, alors que ceux de tous les autres enseignants se réduisirent considérablement. Je suscitai contre moi au plus haut degré la haine et la jalousie des autres maîtres. Ils cherchaient à me rabaisser sur tous les points possibles, et, en mon absence, revenaient sans cesse sur deux objections principales : qu'il était évidemment contradictoire d'occuper à des études de textes profanes des étudiants qui avaient choisi d'être moines[75], et qu'il était prétentieux de ma part de ne pas passer par un maître pour donner des cours magistraux de théologie. Ils pensaient ainsi me faire interdire tout exercice de l'enseignement. Dans ce but, ils ne cessaient pas d'exciter les évêques, les archevêques, les abbés, et toutes les personnalités religieuses imaginables.

Son livre de théologie et la persécution qu'il dut subir de ses confrères.

Je fus amené à travailler la discussion des fondements mêmes de notre foi avec des analogies rationnelles, et composai pour mes étudiants un traité de théologie *De l'Unité et de la Trinité divine.* Ceux-ci recherchaient en effet des raisons humaines et philosophiques, et réclamaient plus des explications que des énoncés tout faits : proférer des opinions est vain si l'intelligence ne suit pas, disaient-ils ; on ne peut croire ce qui n'a pas d'abord été compris, et il est ridicule de prêcher aux autres ce que ni soi-même ni ceux à qui l'on veut enseigner ne peuvent saisir intellectuellement. Le Seigneur lui-même condamne les aveugles qui conduiraient des aveugles[76].

De nombreuses personnes virent et lurent ce traité, et en général il leur plut beaucoup parce qu'il semblait satisfaire également à l'ensemble des questions sur le sujet. Ces questions passaient pour les plus ardues aux yeux de tous, et leur difficulté mettait d'autant plus en valeur la subtilité de mes solutions. Mes rivaux s'enflammèrent et réunirent contre moi un concile[77]. A leur tête étaient mes deux adversaires depuis fort longtemps en embuscade, Albéric et Lotulphe, qui, après la mort de nos maîtres communs, Guillaume et Anselme, aspiraient quasiment à régner seuls en leur succédant comme des héritiers.

Comme tous deux dirigeaient des écoles à Reims, ils soulevèrent contre moi l'archevêque du lieu, Rodolphe, pour qu'il mande Conan, évêque de Préneste, qui alors remplissait les fonctions de légat du pape en France, et qu'ensemble ils réunissent une petite assemblée à Soissons et la baptisent concile. Ils m'inviteraient à y apporter mon ouvrage sur la Trinité. Et il en fut ainsi.

Avant mon arrivée, mes deux rivaux me diffamèrent auprès des clercs et du peuple, si bien que nous faillîmes être lapidés, moi et les quelques disciples qui m'accompagnaient, dès le premier jour de notre arrivée : on les avait persuadés que je prêchais l'existence de trois dieux, et que je l'avais écrit.

Dès mon arrivée dans la ville, je me rendis auprès du légat et lui remis mon petit traité afin qu'il l'examine et le juge. Si j'avais écrit ou dit quelque chose en désaccord avec la foi catholique, j'étais prêt à m'offrir à le corriger ou à faire amende honorable. Mais aussitôt il m'ordonna de remettre l'ouvrage à l'archevêque et à mes rivaux puisque c'est à partir de là que me jugeraient ceux-mêmes qui m'accusaient. Ainsi s'accomplissait en moi la parole de l'Ecriture : « Et nos ennemis sont nos juges » (Deut., XXXII, 31).

Mes adversaires examinèrent souvent le livre, tournant et retournant les pages, et ils ne trouvèrent rien qu'ils oseraient m'opposer à l'audience. Ils reportèrent à la fin du concile la condamnation du livre à quoi ils aspiraient. Moi, tous les jours, avant le début des séances, j'exposai la foi catholique en public, et pour tous, selon la même méthode que dans mon livre. Tous mes auditeurs, admiratifs, soulignèrent la clarté de mes formulations et de ma pensée. Réfléchissant aux événements, le clergé et le peuple commencèrent à se dire : « il parle en public, et personne ne le contredit[78]. Le concile voit sa fin s'approcher rapidement alors qu'il a été réuni spécialement contre lui, à ce qu'on nous a dit. Les juges ont-ils compris qu'ils sont dans l'erreur, et non pas lui ? » Tout ceci faisait croître de jour en jour l'exaspération de mes rivaux.

Un jour Albéric vint me trouver avec quelques étudiants dans l'idée de me provoquer. Après des paroles de convenance, il dit s'étonner beaucoup d'un point qu'il avait noté dans mon livre : alors que Dieu a engendré Dieu, et qu'il n'y a qu'un seul Dieu, moi cependant je niais que Dieu se fût engendré lui-même. Je répondis aussitôt : « Sur ce point, si vous voulez, je donnerai mes raisons.

— Nous n'avons cure, reprit-il, de la raison humaine ou de vos propres idées, dans un tel débat, mais seulement de la parole d'autorité.

— Tournez la page du livre et vous trouverez l'autorité. »

Il avait sous la main le livre qu'il avait amené avec lui. Je l'ouvris à l'endroit que je connaissais et qu'il n'avait pas découvert (ou qu'il n'avait pas recherché, ne repérant que ce qui pouvait me nuire). Et la volonté de Dieu voulut que me sauta aux yeux ce que je voulais, la citation de saint Augustin tirée du livre I de son traité *De la Trinité* : « Qui croit que Dieu a un tel pouvoir qu'il s'est engendré lui-même est dans l'erreur, d'autant que non seulement Dieu n'a pas ce pouvoir, mais aucune créature spirituelle ou corporelle ne l'a. Absolument rien de ce qui existe ne peut s'engendrer lui-même » (I, 1).

Quand ses étudiants présents entendirent cette citation, ils furent ébahis et rougirent de honte. Lui, pour ne pas perdre la face, répondit : « cela doit être correctement interprété ! » Je remarquai que l'idée n'était pas nouvelle, mais que cela ne concernait en rien la situation présente puisqu'il avait réclamé une parole d'autorité et non une interprétation. Si cependant il désirait se préoccuper du sens et de la rationalité, je me disais prêt à lui démontrer que dans sa formulation il était tombé dans l'hérésie selon laquelle celui qui est Père doit être son propre Fils. A ces mots il devint furieux et menaçant, affirmant que ni mes raisons ni mes autorités ne me soutiendraient dans mon procès. Et il se retira.

Le dernier jour du concile [79], avant de prendre place, le légat et l'archevêque délibérèrent longuement avec mes adversaires et d'autres personnalités : que décider à mon sujet et au sujet de mon ouvrage, objet principal de la convocation ? Comme ni mes paroles ni l'écrit présenté ne leur offraient d'arguments à alléguer contre moi, ils restèrent tous muets quelque temps, ou se contentèrent de me dénigrer, déjà moins ouvertement. Geoffroy, évêque de Chartres, qui avait le premier rang sur tous les autres évêques par le renom de sa piété et par la dignité de son siège, prit la parole : « Vous savez, vous tous Messeigneurs qui êtes ici présents, que le savoir de cet homme, quel qu'il soit, et son intelligence, quel que soit le domaine où elle s'est exercée, ont de nombreux et fidèles partisans. Ces qualités ont grandement réduit la renommée de ses propres maîtres comme celle des nôtres. Sa vigne a pour ainsi dire étendu son feuillage d'une mer à l'autre. Si vous l'accablez d'un préjudice, même justifié — ce qui me semble impossible —, sachez que vous offenserez beaucoup de monde et qu'il ne manquera pas de volontaires pour le défendre. D'autant plus que pour l'instant nous ne voyons rien qui témoigne d'une hérésie évidente. Selon Jérôme :

> Toujours en public la force a des adversaires,
>   et ce sont les sommets que frappent les éclairs[80].

Prenez garde à ne pas augmenter sa renommée en forçant le droit, et nous faire conquérir, à nous-mêmes, plus de chefs d'accusation par notre jalousie qu'à lui par la justice. Comme le rappelle aussi Jérôme, une fausse rumeur est vite apaisée, et la suite de la vie juge la vie antérieure. Si vous vous disposez à agir selon la loi contre lui, que l'on place au milieu de nous ses affirmations et son écrit, et interrogeons-le, qu'il lui soit permis de répondre librement. Convaincu ou ayant avoué, il sera alors réduit au silence. Comme disait le bienheureux Nicomède quand il désirait libérer Notre-Seigneur lui-même : Est-ce que notre loi juge un homme sans l'avoir entendu au préalable et sans avoir appris ce qu'il avait fait ? (*Jean*, VII, 51) »

A ces paroles, mes adversaires couvrirent aussitôt sa voix par leurs exclamations : « O décision de la sagesse, que de vouloir lutter contre la faconde de celui dont les arguments et les sophismes ne peuvent être contredits par personne au monde ! » Mais Nicodème invitait bien à écouter le Christ selon les règles de la loi, et pourtant il était infiniment plus difficile de lutter contre le Christ que contre moi!

L'évêque ne put amener leurs esprits à la solution qu'il proposait. Il chercha à refréner leur jalousie par une autre voie : le sujet était si important que les quelques présents ne pouvaient suffire à la discussion, et cette affaire méritait un examen plus important. Il proposait que mon abbé, présent au concile, me reconduise dans mon abbaye, le monastère de Saint-Denis. On y convoquerait plusieurs des personnalités les plus savantes et on déciderait de la conduite à tenir après un examen très soigneux.

Le légat donna son assentiment à cette proposition, et tous les autres le suivirent. Ensuite le légat se leva afin de célébrer la messe avant l'ouverture de la session, et me donna, par l'intermédiaire de l'évêque de Chartres, un laissez-passer pour retourner à mon monastère et y attendre les conditions de l'accord.

Alors mes adversaires comprirent qu'ils n'obtiendraient rien si la négociation se passait hors de leur diocèse, là où ils ne pourraient exercer qu'une faible pression. Peut-être avaient-ils peu de confiance en la justice? Ils persuadèrent leur archevêque qu'il serait honteux pour lui que cette affaire soit remise à une autre juridiction, et qu'il serait dangereux que je m'en sorte ainsi. Aussitôt ils accoururent auprès du légat et le firent changer d'avis. Ils l'entraînèrent malgré lui à condamner sans aucune inquisition le livre et à le faire brûler immédiatement aux yeux de tous, puis à me retenir dans un monastère étranger par une clôture durable. Ils prétendaient que la condamnation du livre était suffisamment motivée par l'audace que j'avais eue de le lire en public sans l'avoir soumis à l'autorité ni du pontife romain, ni de l'Eglise, et en plus de l'avoir déjà confié à plusieurs personnes pour en faire des copies. Il serait éminemment utile à la foi chrétienne que mon exemple permette de prévenir une semblable présomption chez beaucoup d'autres[81].

Ce légat était d'une culture inférieure à ce qu'il aurait fallu : il s'appuya sur l'avis de l'archevêque,

comme l'archevêque sur celui de mes adversaires. Dès
que l'évêque de Chartres comprit ce qui se tramait, il
me rapporta la machination et m'exhorta fermement à
la supporter avec légèreté, d'autant plus que tout le
monde avait remarqué leur violence. La brutalité de
leur jalousie manifeste leur serait reprochée, et elle
tournerait à mon avantage, je pouvais en être sûr. Je
n'avais pas à être trop troublé par la clôture monacale,
sachant que le légat lui-même, qui avait agi forcé, me
libérerait peu de jours après mon départ. Et ainsi,
pleurant lui-même, il me consola comme il put au
milieu de mes larmes.

La mise au feu de son livre.

On me convoqua et je me présentai aussitôt au
concile. Sans aucun examen, ils m'imposèrent de jeter
moi-même au feu, de mes propres mains, mon
fameux livre. C'est ainsi qu'il fut brûlé.

Afin de ne pas paraître n'avoir rien à dire, un de
mes adversaires murmura qu'il avait remarqué écrit
dans le livre que seul le Père était tout-puissant.
Lorsque le légat l'entendit, tout étonné, il répondit
qu'il ne pouvait même pas croire qu'un tout petit
enfant pouvait s'égarer à ce point alors que la foi tient
pour vrai et affirme que les trois personnes divines
sont toutes puissantes. Un certain Terricus[82], maître
d'une école, s'irrita et cita Athanase : « Cependant il
n'y a pas trois tout-puissants, mais un seul tout-puissant. » Comme son évêque commençait à le blâmer et
à l'interrompre comme un coupable qui parlerait sans
respect, lui récidiva avec audace comme s'il citait
Daniel : « Vous êtes fous, fils d'Israël, pour condamner sans l'avoir jugé et sans connaître la vérité un fils
d'Israël ! Retournez au lieu du jugement et jugez le
juge lui-même, vous qui avez institué un tel juge pour
l'instruction de la foi et la correction de l'erreur. Celui
qui doit juger s'est condamné de sa propre bouche, et

la miséricorde divine libère un innocent manifeste, comme autrefois Suzanne le fut des faux accusateurs » (XIII, 48-9).

L'archevêque se leva et corrigea la formulation autant que possible afin de la rendre convenable et pouvoir soutenir l'avis du légat[83] : « En vérité, Monseigneur, tout-puissant est le Père, tout-puissant le Fils, tout-puissant l'Esprit saint ; et qui n'est pas d'accord sur ce point, il est clair qu'il n'est pas dans la bonne voie et ne doit pas être écouté. Et peut-être, si cela vous convient, serait-il bon que ce frère expose devant nous tous ce à quoi il croit afin que nous l'approuvions ou non, ou le corrigions, comme il conviendra. »

Je me levai pour affirmer et exposer ma foi, et exprimer ce que je pensais avec mes mots à moi. Mais mes adversaires dirent que je n'avais rien de plus à faire qu'à réciter le symbole d'Athanase, ce dont tout enfant est capable. Et pour que je ne prétexte pas l'ignorance, comme quelqu'un qui n'aurait pas l'habitude de ces formules, ils firent apporter le texte écrit afin que je le lise ! Je le lus, au milieu des soupirs, des sanglots et des larmes, comme je pus. Puis, tel un accusé et un criminel convaincu, je fus mené à l'abbaye de Saint-Médard, toute proche, traîné dans son cloître comme dans une prison[84].

Aussitôt le concile fut dissous.

L'abbé et les moines de ce monastère croyaient que je resterais chez eux à l'avenir. Ils m'accueillirent avec des marques de la plus grande joie. Ils me traitèrent avec tout leur amour et s'efforcèrent de me consoler. En vain. Dieu, toi qui juges l'équité, quel fiel de mon âme, quelle amertume de mon esprit, m'ont amené dans ma folie à te faire des reproches, dans ma fureur à t'accuser ? Je me répétais continuellement l'invocation de saint Antoine : « Jésus, mon bon Jésus, où étais-tu[85] ? » La douleur qui me brûlait, la honte qui me confondait, le désespoir qui me bouleversait, j'ai pu les ressentir alors, mais je ne peux les exprimer. Je comparais ce que je supportais alors avec ce que

j'avais subi dans mon corps auparavant, et je m'estimais le plus misérable de tous les hommes. Cette trahison me semblait minime en comparaison de
l'affront présent, je me plaignais infiniment plus du
tort subi dans ma renommée que de celui subi dans
mon corps. Car le premier de ces tourments cruels
suivait une faute, tandis que le deuxième, si manifeste,
c'est une intention sincère et l'amour de ma foi qui
m'y avaient conduit, en me poussant à écrire.

Ce comportement odieux et inconsidéré, tous ceux
qui l'apprirent le contestèrent vivement. Certains des
présents renvoyèrent la faute sur les autres au point
que mes adversaires eux aussi en vinrent à nier que la
décision ait été prise sur leur conseil. Le légat exprima
publiquement à ce sujet son dégoût de la jalousie des
Français. Poussé par le remords, après quelques jours,
et pensant avoir satisfait à leur désir de vengeance en
ayant temporisé, il me sortit du monastère étranger et
me renvoya dans le mien. J'y avais comme adversaires
presque tous ceux qui y étaient jadis, comme je l'ai
rappelé ci-dessus, puisque les turpitudes de leur vie et
leurs conversations impudiques m'avaient trouvé profondément soupçonneux, et qu'ils supportaient péni-
blement mes accusations.

Quelques mois s'écoulèrent. Le destin leur offrit
l'occasion de travailler à ma perte. En effet, en lisant,
je tombai un jour par hasard sur un passage de Bède
qui assure dans le commentaire des *Actes des Apôtres*
que Denys l'Aréopagite avait été évêque de Corinthe
et non d'Athènes. Ils en furent vivement contrariés,
eux qui affirmaient publiquement que leur Denis était
ce fameux Aréopagite[86], et que ce dernier, sa *Vie* le
prouvait clairement, était évêque d'Athènes. Après ma
découverte, je montrai par jeu à quelques-uns des
frères qui m'entouraient le témoignage contradictoire
de Bède. Ils furent profondément indignés, traitèrent
Bède d'écrivain le plus menteur; leur abbé Hilduin
était un témoin plus véridique, lui qui avait parcouru
longtemps la Grèce pour enquêter sur ce point et qui,
la vérité connue, élimina tout doute dans le récit des

actions de Denis qu'il rédigea. L'un d'entre eux me poursuivit de ses importunes questions : pour moi, dans cette controverse, qui triomphait, de Bède et d'Hilduin ? Je répondis que l'autorité de Bède, dont les écrits servent de référence à toutes les Eglises latines, me paraissait plus digne de confiance.

La persécution de son abbé et de ses frères.

Ils s'excitèrent et se mirent à crier. La preuve en était aujourd'hui évidente : j'avais toujours été l'adversaire de mon monastère ! Maintenant c'était le royaume tout entier que je rabaissais : en niant que leur patron fût l'Aréopagite, je lui ôtai un honneur dont il se glorifiait tout particulièrement[87]. Je répondis ne l'avoir pas nié ; de plus il n'y avait pas vraiment à se soucier de savoir s'il était de l'Aréopage ou d'ailleurs puisqu'il avait reçu auprès de Dieu une telle couronne de martyr. Ils se rendirent aussitôt auprès de l'abbé et lui répétèrent ce qu'en fait ils m'avaient attribué. L'abbé les écouta favorablement, se réjouissant d'entrevoir une occasion de me brimer. D'autant que, vivant plus honteusement que tous les autres, il me craignait davantage. Il réunit son conseil et, les frères rassemblés, me menaça sévèrement. Il allait se hâter de prévenir le roi afin qu'il se venge de moi comme de quelqu'un qui cherche à lui enlever la gloire et la couronne de son royaume. Il ordonna que pendant ce temps je sois bien gardé, jusqu'à ce qu'il puisse me livrer à lui. Je m'offris à subir la discipline selon la règle du monastère, si j'avais commis une faute, mais en vain.

Je fus alors horrifié par la fourberie des autres moines. J'avais eu si longtemps le sort contre moi ! J'étais profondément désespéré, le monde entier semblait conspirer à mon encontre. Mais certains frères eurent pitié de moi : leur avis et le soutien de quelques disciples m'amenèrent à fuir en cachette, de nuit, et à me retirer sur la terre du comte Thibaud[88], toute proche, et où se trouvait la chapelle dans laquelle j'avais donné des cours. Je connaissais un peu ce comte, et il compatissait à mes épreuves qu'il avait apprises. Je commençai par demeurer dans la cité de Provins, dans la chapelle des moines de Troyes dont le prieur avait été mon familier et m'avait témoigné beaucoup d'amour[89]. Joyeux de mon arrivée, il s'occupa de moi avec le plus grand empressement.

Un jour notre abbé vint dans la cité auprès du comte Thibaud pour quelque affaire. Je l'appris et me rendis chez ce comte avec le prieur pour lui demander d'intervenir personnellement en ma faveur auprès de mon abbé, afin qu'il m'absolve et me donne la permission de vivre en moine là où l'on accepterait ma demande. L'abbé et ses accompagnateurs décidèrent de se réunir et de donner leur réponse au comte la veille de leur départ. La réunion commença et ils crurent que je voulais être transféré dans une autre abbaye, ce qui aurait été un grand déshonneur pour la leur. Ils considéraient en effet comme une très grande gloire pour eux que je me sois adressé à leur monastère lors de mon changement de vie, comme si j'avais dédaigné toutes les autres abbayes. Ils disaient que maintenant ce serait le plus grand opprobre qui s'abattrait sur eux si je les rejctais et passais chez d'autres. Ils ne nous écoutèrent absolument pas, ni moi ni le comte, mais me menacèrent d'excommunication si je ne revenais pas rapidement. Par toutes sortes de menaces ils interdirent au prieur auprès de qui je m'étais réfugié de me garder désormais s'il ne voulait pas être excommunié lui aussi. Quand nous entendîmes leur décision, notre anxiété au prieur et à moi-même fut extrême.

L'abbé se retira en gardant son obstination, mais il mourut peu après. Je vins trouver son successeur[90] avec l'évêque de Meaux afin qu'il m'accordât ce que j'avais demandé à son prédécesseur. Sa première réaction fut négative, mais quelques-uns de mes amis s'entremirent, et je pus présenter ma requête au roi et à son conseil. J'obtins ainsi ce que je désirais. Etienne[91], alors écuyer du roi, fit venir l'abbé et ses familiers, leur demanda pourquoi ils voulaient me retenir malgré moi : en agissant ainsi ils pouvaient encourir facilement un scandale et ils n'en tireraient aucun profit puisque ma vie et la leur ne pouvaient absolument pas se convenir. Je savais que l'opinion du conseil royal était que, dans la mesure où cette abbaye ne suivait pas la règle, elle devait être dirigée par le roi, pour qui, en plus, elle devait être source de profits en fonction de ses richesses temporelles. J'avais donc la conviction de pouvoir emporter facilement l'assentiment du roi et des siens. Il en fut ainsi. Mais pour que la gloire que je leur apportais ne quitte pas leur monastère, ils m'accordèrent d'aller dans la retraite que je voulais pourvu seulement que je ne m'affilie à aucune abbaye. En présence du roi et des siens les deux parties donnèrent leur accord et la décision fut confirmée.

Ainsi je me réfugiai dans une retraite que je connaissais déjà, aux environs de Troyes [92]. Là on me donna un terrain, et avec l'accord de l'évêque du lieu je commençai par bâtir de roseaux et de chaume un oratoire au nom de la Sainte-Trinité. J'y demeurai caché, avec un de mes clercs, et je pouvais réciter au Seigneur : « Voici que dans ma fuite je suis allé au loin et que je demeure dans le désert » (*Ps.*, LV, 8).

Ayant appris ces événements, des étudiants se mirent à accourir de partout, abandonnèrent villes et cités pour habiter le désert. A la place de leurs vastes maisons ils se construisirent de petites cabanes, vécurent d'herbes des champs et de pain grossier à la place de leurs nourritures délicates, se préparèrent de la paille et du feuillage à la place de leurs couches molles, se dressèrent des mottes de terre à la place de leurs tables [93]. On aurait cru qu'ils imitaient les philosophes d'autrefois dont parle Jérôme dans sa seconde lettre *Contre Jovinien* :

> C'est par les cinq sens comme par des fenêtres que les vices entrent jusqu'à notre âme. La métropole et la citadelle de l'esprit ne peut être prise sauf si l'armée ennemie fait irruption par les portes... Si l'on se

délecte aux jeux du cirque, si, à travers les fenêtres des yeux, la liberté de l'âme devient captive du combat d'athlètes, de l'agilité d'histrions, de la beauté des femmes, de l'éclat des pierres précieuses, des vêtements et de tous les biens de cette sorte, alors sera accomplie la prophétie : « ia mort entra par nos fenêtres »... Donc quand par ces portes les bataillons des troubles pénètrent jusqu'à la citadelle de notre esprit, où est la liberté ? Où est sa force ? Où, la méditation sur Dieu ? Surtout lorsque le sens du toucher se peint en imagination même les voluptés oubliées, et, par le souvenir des vices, contraint l'âme à participer et d'une certaine façon à accomplir ce qu'elle ne fait pas en réalité.

Poussés par ces raisons, beaucoup de philosophes abandonnèrent l'affluence des villes et les jardins de leur périphérie, avec leurs terrains irrigués, les frondaisons des arbres, le ramage des oiseaux, le miroir des sources, le murmure des eaux vives, et tant d'autres attraits pour les yeux et les oreilles, afin que la force de leur âme ne soit pas amollie par le luxe et l'abondance des biens, ni leur pureté de mœurs engourdie. Il est inutile de voir fréquemment ce qui te fait prisonnier et de t'abandonner à la fréquentation de ce dont tu te priverais avec difficultés. Les Pythagoriciens, refusant ces distractions, avaient pris l'habitude de vivre dans l'isolement et les lieux déserts. Platon lui-même était riche et Diogène avait piétiné son lit de ses pieds boueux : pour se consacrer à la philosophie, il choisit la villa d'Académios, une résidence éloignée de la ville, en un lieu non seulement désert mais malsain. Les soins constants qu'exigeaient les maladies briseraient les assauts du désir et ses disciples n'éprouveraient aucune autre volupté que celle procurée par les sujets d'étude[94].

C'est la même vie que les Fils des prophètes, les adeptes d'Elisée, ont menée, dit-on[95]. Jérôme parle d'eux comme de moines de cette époque. Dans sa lettre au moine Rusticus, il écrit en effet : « Les fils des prophètes, ces moines dont parle l'Ancien Testament, édifièrent pour eux de petites cabanes près du fleuve, le Jourdain. Ils abandonnèrent les foules et les villes et vécurent de bouillie et d'herbes des champs[96]. » Il en fut de même pour mes disciples sur les rives de l'Arduzon : ils édifièrent des cabanes et paraissaient plus des ermites que des étudiants.

Plus grande était l'affluence d'étudiants dans ce lieu, plus dure la vie qu'ils supportaient pour suivre mon enseignement, plus mes adversaires trouvaient la situation glorieuse pour moi et ignominieuse pour eux. Ils se plaignaient que tout ce qu'ils avaient pu entreprendre contre moi ait tourné à mon bien[97]. Comme le dit Jérôme : « Je me suis retiré loin des villes, du forum, des procès, des foules, mais, ainsi que le dit Quintilien : la jalousie trouve celui qui se cache[98]. » Mes ennemis se plaignaient et gémissaient dans le secret de leur cœur : « Voici que le monde tout entier s'en est allé à sa suite (*Jean* XII, 19); nous n'obtenons rien en le persécutant, au contraire nous augmentons sa gloire. Nous nous efforçons d'éteindre son nom, et nous le faisons resplendir. Les étudiants ont sous la main dans les villes tout ce qu'il leur faut, et ils méprisent les délices de la vie des cités, recherchent le dénuement du désert, se livrent de leur plein gré à la misère. »

C'est alors que la pauvreté intolérable dans laquelle j'étais me poussa à ouvrir une école puisque « je n'avais pas la force de labourer et que j'aurais eu honte de mendier[99] ». Je retournai au métier que je connaissais et je fus contraint au travail de la langue à la place du labeur des mains. Les étudiants me préparaient le nécessaire en nourriture et en vêtements, cultivaient les champs, agrandissaient les édifices, si bien qu'aucun souci domestique ne me détournait de l'étude. L'oratoire ne pouvait recevoir un nombre raisonnable d'entre eux : ils l'agrandirent par nécessité et avec de la pierre et du bois améliorèrent la construction[100]. Cet oratoire avait été fondé en l'honneur de la Sainte-Trinité, puis lui avait été dédié. Mais j'y avais fui désespéré, et grâce à la consolation divine j'avais pu y respirer un peu : en souvenir de ce bienfait je l'appelais « Paraclet ». Beaucoup en l'apprenant furent particulièrement étonnés, et plusieurs critiquèrent sévèrement ce choix : d'après eux, il n'était pas permis de dédier une église à l'Esprit saint spécialement, pas plus qu'à Dieu le Père ; c'est au Fils seul ou à la Trinité en totalité qu'on le pouvait selon un usage très ancien.

Ils me critiquaient parce qu'ils se trompaient. Ils ne se rendaient pas compte de la différence qu'il y a entre « le Paraclet » et « l'Esprit Paraclet ». Or la Trinité elle-même aussi bien que l'une quelconque des personnes qui la composent peut être appelée Dieu ou « Protection » : de la même manière elle peut très bien être invoquée sous le nom de « Paraclet », c'est-à-dire « Consolateur ». L'apôtre dit : « Béni soit Dieu, père de Notre-Seigneur Jésus-Christ, père des miséricordes, et Dieu de toute consolation, qui nous console de toutes nos tribulations » (II*Cor.*, I, 3-4). Et Celui qui est la Vérité dit aussi : « Il vous donnera un autre Paraclet » (*Jean*, XIV, 16). Et même toute église est consacrée également au nom du Père, du Fils et du Saint-Esprit, et appartient de la même manière à chacun d'entre eux. Alors, qu'est-ce qui empêche que la maison du Seigneur puisse être attribuée au Père ou à l'Esprit saint comme elle l'est au Fils ? Qui oserait rayer du fronton de son entrée le nom de celui dont c'est la propre maison ? Ou encore : le Fils s'est offert au Père en sacrifice et pour cette raison, dans les célébrations de messes, les prières, de même que l'immolation de l'hostie, sont dirigées spécialement vers le Père ; pourquoi justement ne pourrait se voir dédié d'autel celui à qui l'on adresse plus particulièrement les supplications et le sacrifice ? Est-il plus juste que l'autel soit consacré à celui qui est immolé plutôt qu'à celui pour qui il est immolé ? Qui affirmera qu'il est mieux de parler d'un autel de la Croix du Seigneur, ou du Sépulcre, ou de saint Michel voire de saint Jean et saint Pierre, ou de tout autre saint, alors que ce ne sont pas eux qui sont immolés là et à qui s'adressent le sacrifice comme les prières ? D'ailleurs les idolâtres eux-mêmes plaçaient leurs autels et leurs temples sous l'invocation de ceux auxquels ils offraient leurs sacrifices et leurs hommages.

Peut-être dira-t-on qu'il n'y a pas à dédier des églises ou des autels au Père parce qu'il n'y a aucun événement qui permette de lui consacrer une fête spéciale ? Mais cette raison peut concerner la Trinité dans sa totalité, pas l'Esprit saint. Car, du fait de sa venue, l'Esprit saint a une fête qui lui est propre, la Pentecôte, comme le Fils, du fait de sa naissance, a une fête propre, Noël. De même que le Fils a été envoyé dans le monde, l'Esprit saint l'a été dans les disciples et peut revendiquer pour lui-même une fête propre.

Il semble même qu'il y a plus de motifs de lui consacrer une église qu'à l'une des autres personnes de la Trinité, si nous prêtons plus d'attention à l'autorité apostolique et à l'action de l'Esprit saint lui-même. Car l'apôtre ne dédie spécifiquement aucun sanctuaire à l'une des trois personnes, sinon à l'Esprit saint. En effet il ne parle pas du temple du Père ou du temple du Fils comme il parle de celui de l'Esprit saint, quand il écrit dans sa première *Lettre aux Corinthiens* : « Qui s'unit au Seigneur n'est avec lui qu'un seul esprit » (VI, 17), et plus loin : « Ne savez-vous pas que vos corps sont le temple de l'Esprit saint, qui est en vous, que vous tenez de Dieu ? Et que vous ne vous appartenez pas ? » (VI, 19) Qui pourrait ignorer encore que les bienfaits des sacrements divins qui sont donnés dans l'Eglise sont spécifiquement attribués à l'opération de la grâce divine, c'est-à-dire de l'Esprit saint ? Nous renaissons par l'eau et l'Esprit saint dans le baptême, et dès lors seulement nous devenons le temple particulier de Dieu. A la confirmation nous est donnée la grâce de l'Esprit sous les sept formes par lesquelles le temple de Dieu est orné et auxquelles il est dédié. Quoi d'étonnant donc si cette personne divine à qui l'apôtre attribue spécifiquement un temple spirituel, moi je lui assigne un temple matériel ? A quelle personne une église peut-elle être dédiée avec plus de raison que celle à l'action de qui on attribue spécifiquement tous les bienfaits que nous recevons par l'Eglise ? Je n'avance pas ce raisonnement pour reconnaître que j'ai appelé mon oratoire le Para-

clet afin de le dédier à une seule des personnes
divines : je l'ai nommé ainsi pour la seule raison que
j'ai donnée ci-dessus, en mémoire de la consolation
reçue. Toutefois, même si j'avais agi pour le motif que
l'on croit, mon action n'aurait pas été contraire à la
raison, simplement inhabituelle.

*La persécution de certains « nouveaux apôtres » contre
lui.*

Je demeurai dans ce lieu, caché physiquement, mais
ma renommée parcourait le monde entier et y réson-
nait, à la ressemblance de cette fiction des poètes que
l'on appelle Echo, qui possède plusieurs voix mais
aucune réalité matérielle[101]. Mes premiers adversaires
avaient peu de pouvoir par eux-mêmes. Ils excitèrent
donc contre moi ces nouveaux apôtres[102] en qui le
monde avait foi, dont l'un se glorifiait d'avoir ressuscité la vie des chanoines réguliers, et l'autre celle des
moines. Ils parcouraient le monde en prêchant, et me
déchiraient avec impudence autant qu'ils le pouvaient.
Ils me gagnèrent pour un temps le mépris de certaines
puissances ecclésiastiques ou séculières, et répandirent sur ma foi et sur ma vie des ragots si fâcheux
qu'ils détournèrent de moi même mes principaux
amis. Si certains gardaient pour moi un peu de leur
ancienne amitié, ils mettaient tous leurs soins à la dis-
simuler par crainte de ces « apôtres ».

Dieu lui-même m'en est témoin, chaque fois que
j'apprenais la tenue d'une assemblée d'ecclésiastiques,
je croyais qu'elle avait lieu pour me condamner. J'étais
pétrifié comme dans l'attente que la foudre me frappe,
et que je sois traîné comme un hérétique ou un impie
dans des conciles ou des synagogues. Si l'on pouvait
comparer la puce au lion, ou la fourmi à l'éléphant, je
dirais que mes adversaires s'acharnaient contre moi
avec la même vigueur que les hérétiques autrefois
contre le bienheureux Athanase. Souvent, Dieu le sait,
j'étais tellement désespéré que je me disposais à
m'exiler des terres chrétiennes pour passer chez les

païens : après un accord sur un quelconque tribut, j'y vivrais en toute quiétude, chrétien au milieu des ennemis du Christ. Je pensais qu'ils me seraient d'autant plus favorables qu'ils me soupçonneraient moins d'être un bon chrétien vu les accusations portées contre moi, et imagineraient pour cela plus facile de m'attirer vers leur croyance[103].

L'abbaye à la tête de laquelle il fut promu, et la persécution tant de ses fils, c'est-à-dire les moines, que du tyran.

Harcelé et tourmenté sans répit, n'imaginant comme solution extrême pour me réfugier auprès du Christ que d'aller au milieu des ennemis du Christ, j'acceptai une occasion de m'écarter un peu de ces traquenards. C'est ce que je croyais, mais je tombai au milieu de chrétiens et de moines bien plus cruels et méchants que les païens. Il y avait en effet en Petite Bretagne, dans l'évêché de Vannes, l'abbaye de Saint-Gildas de Rhuys[104]. Elle était désorganisée depuis la mort de son pasteur. Le choix unanime des moines avec l'accord du seigneur de cette terre m'appela à cette abbaye, et on obtint facilement l'agrément de mon abbé et de mes frères. Ainsi la jalousie des Français me chassa vers l'Occident, comme celle des Romains avait chassé Jérôme vers l'Orient. Car jamais je n'aurais accepté cette charge, Dieu le sait, si ce n'était, comme je l'ai dit, pour m'éloigner n'importe comment de ces violences incessantes : la région était barbare, sa langue m'était inconnue, la vie de ces moines indomptables était notoirement honteuse, et la population, grossière et sauvage. Comme celui qui est effrayé par le glaive dressé contre lui, s'enfuit et va s'écraser dans un précipice, et donc, pour retarder d'un bref instant un type de mort, se rue dans une autre mort, moi je me précipitai en toute connaissance de cause d'un péril dans un autre. Et là, devant le bruit horrible des eaux de l'Océan, j'étais au bout du monde, sans fuite possible plus loin. Je ne pouvais que

répéter continuellement dans mes prières : « Des
extrémités de la Terre je crie vers Toi, car mon cœur
est dans les tourments » (*Ps.*, IX, 3).

J'avais accepté de diriger cette congrégation indisci-
plinée de frères. Personne n'ignore, je crois, quelle
angoisse me crucifia le cœur jour et nuit ! Je passais
mon temps à évaluer les dangers pour mon âme et
pour mon corps : si je tentais de les amener à observer
la vie monastique dont ils avaient fait profession, j'en
étais sûr, je ne resterais pas vivant ; mais si je ne faisais
pas tout mon possible, mon âme était damnée. De
plus, le seigneur du pays, tyran tout puissant, s'était
soumis depuis longtemps cette abbaye à l'occasion de
désordres du monastère ; il avait accaparé tous les terrains y attenant et écrasait les moines par des exac-
tions plus lourdes que celle de ses tributaires juifs [105].
Les moines m'obsédaient pour leurs besoins quotidiens car notre communauté ne possédait rien que je
puisse leur distribuer, mais chacun devait vivre de ses
propres revenus et faire vivre ses concubines, ses fils
et ses filles [106]. Ils se réjouissaient de mon inquiétude
devant la situation. Eux-mêmes volaient et empor-
taient ce qu'ils pouvaient afin que, incapable de les
administrer, je sois amené à être peu regardant sur la
discipline, voire à y renoncer totalement. Comme
toute la populace barbare de ce pays était sans loi et
sans règle, il ne s'y trouvait personne auprès de qui
j'aurais pu fuir afin de trouver de l'aide : la barrière
des mœurs me coupait de tous également. Au-dehors
ce tyran et ses satellites m'agressaient sans cesse ; à
l'intérieur mes frères me tendaient sans arrêt des
pièges. La parole de l'apôtre finissait par paraître
écrite spécialement pour moi : « Au-dehors des
combats, au-dedans, la peur » (II *Cor.,* VII, 5).

Je considérais la vie que je menais et me plaignais
qu'elle fût aussi inutile et malheureuse, stérile pour
moi comme pour les autres. Autrefois mon enseignement avait été très fécond pour les étudiants ; maintenant je les avais abandonnés pour ces moines et je ne
produisais plus aucun fruit ni chez eux ni chez les

moines. A quelle impuissance j'étais amené, dans toutes mes entreprises et tous mes efforts ! Pour tous mes actes on pouvait m'adresser fort justement ce reproche : « Voici un homme qui a commencé à construire et n'a pu terminer » (*Luc*, XIV, 30). J'étais profondément désespéré.

Je me rappelais ce que j'avais fui et imaginais ce que je devais affronter. Je trouvais que mes précédents malheurs n'étaient quasiment rien. Je gémissais et me répétais en moi-même : « C'est à bon droit que je subis ce sort, car j'ai abandonné le Paraclet, c'est-à-dire le Consolateur, pour me plonger dans la désolation et j'ai désiré éviter de simples risques pour me précipiter dans des dangers certains. » Mon plus grand tourment était d'avoir abandonné mon oratoire et de ne plus avoir la possibilité d'y organiser comme il convenait la célébration de l'office divin tant l'extrême pauvreté du lieu ne pouvait qu'à peine suffire à l'entretien d'un seul desservant. Mais le vrai Paraclet m'apporta la vraie consolation dans ma désolation, et Il pourvut à Son propre sanctuaire comme Il le devait.

A cette époque, mon abbé de Saint-Denis prit possession, je ne sais comment [107], de l'abbaye d'Argenteuil, prétextant qu'elle dépendait juridiquement depuis longtemps de son monastère. C'était l'abbaye dont j'avais parlé et où Héloïse, depuis longtemps ma sœur dans le Christ plus que mon épouse, avait prononcé ses vœux. Il en chassa sans ménagements le groupe de moniales dont ma compagne était devenue la prieure. Voyant les religieuses dispersées et exilées en divers lieux, je compris que le Seigneur m'offrait ainsi l'occasion de veiller aux intérêts de mon oratoire. Je retournai sur place, et invitai Héloïse à me rejoindre avec les sœurs de la même congrégation qui lui restaient fidèles. A leur arrivée je leur fis la concession puis la donation de l'oratoire avec toutes ses dépendances. L'évêque du lieu approuva cette donation et intervint pour que le pape Innocent II la confirme par privilège à perpétuité pour ces religieuses et celles qui leur succéderaient[108]. Dans un premier temps elles durent faire face à l'absence de ressources et furent momentanément trop abandonnées. Mais la miséricorde de Dieu, qu'elles servaient avec dévotion, s'attacha à elles et leur offrit rapidement sa consolation. Dieu se montra vraiment pour elles le Paraclet, et rendit la population environnante compatissante et bienveillante à leur égard. En une seule année, Dieu le sait, je pense que les commodités terrestres se sont multipliées pour elles plus que moi je n'aurais pu le faire en cent si j'étais resté là. Le sexe des femmes est faible, ce qui rend leur dénuement d'autant plus bouleversant, et leur vertu, d'autant plus agréable aux hommes comme à Dieu. Le Seigneur, aux yeux de tous, combla de tant de grâces ma sœur qui dirigeait toutes les autres que les évêques l'aimaient comme leur fille, les abbés, comme leur sœur, les laïcs, comme leur mère. Et tous admiraient unanimement sa piété, sa prudence, la douceur incomparable de sa patience en toutes choses. Elle ne permettait qu'on la voie que rarement, car c'est enfermée dans sa cellule qu'elle pouvait consacrer son temps pleinement aux méditations sacrées et à la prière. Ceux du dehors n'en étaient que plus ardents à solliciter sa présence et les conseils de ses entretiens spirituels[109].

La diffamation et la honte.

Tous leurs voisins m'accusaient de ne pas me préoccuper de leurs besoins autant que je le pouvais ou le devais, alors que j'avais la possibilité d'y pourvoir facilement du moins par ma prédication. Je me mis donc à revenir plus souvent auprès d'elles pour les aider d'une manière ou d'une autre. Même à ce sujet les murmures de la jalousie ne me manquèrent pas. Ce qu'une charité sincère me poussait à accomplir, l'habituelle bassesse de mes détracteurs le critiquait avec une impudence extrême. D'après eux j'étais dominé par l'attrait des plaisirs au point de ne pouvoir supporter que difficilement, voire pas du tout, l'absence de celle que j'avais aimée. Je me répétais sans cesse les plaintes de saint Jérôme, dans sa lettre *A Asella* sur les faux amis :

> Rien ne m'est objecté, sinon mon sexe, et il ne m'aurait pas été objecté si Paula n'avait pas fait le voyage de Jérusalem. Ou encore : Quand je ne connaissais pas la maison de la sainte Paula, l'affection de toute la ville pour moi était sans fausse note. Tous me jugeaient digne du sacerdoce suprême. Mais je sais que l'on peut parvenir au royaume des cieux avec une bonne comme avec une mauvaise renommée [110].

Quand me revenaient à l'esprit les calomnies subies par un si grand personnage, je n'en tirais pas une mince consolation : oh, si mes ennemis trouvaient en moi autant de matière à leurs soupçons, par quelles médisances ils m'accableraient! Mais la miséricorde divine m'en a aujourd'hui libéré. Cependant, alors que j'ai perdu la faculté d'accomplir ces turpitudes, comment le soupçon m'en reste-t-il? Quelle est cette toute nouvelle accusation si scandaleuse?

Les esprits devraient pourtant être libres de tout soupçon de telles actions puisque quiconque veut protéger très soigneusement ses épouses leur adjoint des eunuques, comme l'histoire sainte le raconte d'Esther et des autres compagnes du roi Assuérus (*Esther* II,3). Nous lisons aussi que le puissant ministre de la reine Candace, l'intendant de tous ses trésors, celui à qui un ange adressa l'apôtre Philippe afin qu'il le convertisse et le baptise, était eunuque (*Actes*, VIII, 26-9). De tels hommes ont toujours été admis dans l'entourage de femmes pudiques et réservées, avec un rang de dignitaire et de familier d'autant plus grand qu'ils étaient plus éloignés de ce genre de soupçon. Et c'est pour s'y soustraire totalement qu'Origène, le plus grand philosophe chrétien, désirant se consacrer à l'enseignement religieux de femmes, porta la main sur lui-même : l'*Histoire ecclésiastique* le rapporte au livre VI [111].

J'estimais cependant que dans cette circonstance la miséricorde divine m'avait traité avec plus de bienveillance que lui. Il passe pour avoir accompli cet acte de

manière assez irréfléchie et avoir encouru ainsi un
blâme sévère. Tandis que, dans mon cas, ce sont les
autres qui ont agi sur mon corps et encouru la culpabilité, tout en me procurant la liberté d'accomplir la
même fonction de formation auprès des femmes. Par
rapport à la sienne, ma douleur fut d'autant plus
légère que l'action fut plus brève et fut brutale : j'étais
en plein sommeil quand ils avaient porté la main sur
moi et je n'avais pratiquement rien senti. Mais si
j'avais ressenti plus brièvement ma blessure, je souffrais aujourd'hui bien plus durablement de ma diffamation et j'étais plus tourmenté par les atteintes à ma
réputation que par l'amputation de mon corps. Il est
écrit : « Bonne renommée vaut mieux qu'abondance
de richesses » (*Prov.*, XXII, 1). Saint Augustin rappelle dans son sermon *De la vie et des mœurs des clercs* :

> Celui qui se fie à sa conscience et néglige sa réputa-
> tion est cruel à lui-même. De même plus haut : « Nous
> cherchons à faire le bien, comme le dit l'apôtre, non
> seulement devant Dieu, mais aussi devant les
> hommes. » Pour nous, notre conscience nous suffit.
> Pour les autres, notre réputation ne doit pas être ter-
> nie, mais briller... Ce sont deux réalités différentes que
> la conscience et la réputation. La conscience est pour
> toi, la réputation pour ton prochain [112].

Qu'aurait objecté leur jalousie au Christ lui-même
ou à ses membres, prophètes, apôtres ou saints Pères,
s'ils avaient vécu à la même époque qu'eux ? Ils les
auraient pourtant vus, eux qui avaient un corps entier,
entourés surtout de femmes et dans des relations très
familières avec elles ! Dans son livre sur l'*Œuvre des
moines*, saint Augustin montre que les femmes
s'étaient attachées au Seigneur Jésus-Christ et aux
apôtres comme d'inséparables compagnes, au point
de les accompagner même dans les prédications :

> Des femmes ayant la foi et riches des biens du
> monde les accompagnaient et les entretenaient grâce à
> leurs richesses afin qu'ils ne manquent de rien de ce
> qui est nécessaire à la vie matérielle. Si quelqu'un
> n'imagine pas que les apôtres ont agi ainsi et voyagé en

compagnie de saintes femmes partout où ils prêchaient la Bonne Nouvelle, qu'il écoute l'Evangile et reconnaisse que c'est à l'exemple du Seigneur qu'ils l'ont fait. Il y est en effet écrit : « Il cheminait ensuite de ville en village, portant la Bonne Nouvelle du royaume de Dieu. Les douze l'accompagnaient ainsi que quelques femmes qui avaient été guéries d'esprits mauvais et de maladies : Marie, surnommée Madeleine, Jeanne, femme de Cuza, l'intendant d'Hérode, Suzanne, et plusieurs autres qui les assistaient de leurs propres biens » (*Luc*, VIII, 1)[113].

Et Léon IX répond à la lettre de Parménien sur *Le goût de la vie monastique* :

Nous affirmons qu'il n'est absolument pas permis à un évêque, un prêtre, un diacre ou un sous-diacre de refuser ses soins à sa propre épouse sous prétexte de piété. Il doit lui donner largement nourriture et vêtements, mais non jouir charnellement d'elle. Nous lisons que les saints apôtres en ont agi ainsi, comme le rapporte saint Paul : « Est-ce que nous n'avons pas le droit d'emmener dans nos voyages une sœur comme femme, à l'exemple des frères du Seigneur et de Pierre ? » (I*Cor.*, IX, 5)[114]. Voyez, insensés, qu'il n'a pas dit : « Est-ce que nous n'avons pas le droit de posséder dans nos voyages notre épouse » mais « d'emmener », afin que le bénéfice de la prédication permette de subvenir aux besoins de l'épouse sans que cependant il y ait entre eux désormais d'union charnelle[115].

Le Pharisien qui en lui-même dit du Seigneur : « S'il était prophète, cet homme saurait qui est cette femme qui le touche, et son genre de vie, car elle est pécheresse » (*Luc*, VII, 39), ce Pharisien pouvait, selon le jugement humain, soupçonner bien plus aisément le Seigneur d'une turpitude que ceux-ci m'en soupçonner moi ! De même ceux qui voyaient la mère de Jésus confiée à Jean, ce tout jeune homme (*Jean* XIX, 27), ou les prophètes se loger et vivre en compagnie de veuves (III *Rois*, XVII, 10), leurs soupçons auraient été bien plus fondés !

Qu'auraient dit mes détracteurs s'ils avaient vu Malchus, ce moine captif sur lequel écrit saint Jérôme, vivant avec son épouse dans le même logement ? Ils

auraient incriminé ce que l'illustre docteur de l'Eglise
a vu et met pourtant en valeur :

> Il y avait là un vieillard du nom de Malchus... origi-
> naire de ce même lieu ; une vieille femme partageait
> son logis... Tous les deux étaient pieux avec zèle, si
> assidus à l'église qu'on aurait cru le Zacharie et l'Elisa-
> beth de l'évangile (*Luc*, I, 5-80), si ce n'est que Jean
> n'était pas au milieu d'eux [116].

Et enfin, pourquoi se retiennent-ils de diffamer les
saints Pères ? Fréquemment dans l'histoire ou même
sous nos yeux ils ont fondé des monastères de femmes
aussi, et les ont dirigés pour elles. Ils suivaient
l'exemple des sept diacres que les apôtres se choisirent
pour les remplacer auprès des femmes dans les soins
de ravitaillement et d'administration. Car le sexe
faible a à ce point besoin du sexe fort que pour
l'apôtre toujours l'homme doit diriger la femme
comme la tête dirige le corps, et il prescrit qu'en signe
de subordination elle doit toujours avoir la tête voilée
(I *Cor.*, XI, 4-5). Aussi je m'étonne beaucoup que
dans les monastères ces coutumes se soient enracinées
depuis quelque temps de placer des abbesses à la tête
de femmes comme des abbés le sont à la tête
d'hommes, avec des vœux qui astreignent les femmes
aux mêmes règles que les hommes. Pourtant ces
règles contiennent de nombreux points que les
femmes, abbesses ou simples sœurs, ne peuvent en
aucune façon respecter. En beaucoup de lieux, même,
l'ordre naturel est troublé : nous voyons des abbesses
et des moniales dominer des clercs, alors que ce sont
ces clercs à qui le peuple doit être soumis. Elles
peuvent d'autant plus facilement les mener à de honteux désirs qu'elles exercent sur eux une domination
plus étendue et une autorité plus despotique. Le poète
satirique écrit à ce sujet :

> Rien de plus intolérable qu'une femme qui a le pou-
> voir. Juvénal, *Sat.*, VI, 460 [117].

Voilà les raisonnements que je ressassais en moi. Ils
m'amenèrent à prendre mes dispositions pour pour-

voir mes sœurs du Paraclet dans la mesure de mes possibilités et m'occuper de leurs problèmes. Afin d'accroître leur respect à mon égard, j'étais présent physiquement, veillant sur elles et subvenant ainsi plus efficacement à leurs besoins. C'était l'époque où mes fils me persécutaient plus fréquemment et plus violemment qu'autrefois mes frères. En rejoignant les religieuses, je quittais un tourbillon de tempêtes pour retourner à un port tranquille où respirer un peu. Chez les moines je n'obtenais aucun résultat : chez elles j'aboutissais du moins à quelque chose. Ces séjours m'étaient d'autant plus salutaires qu'ils étaient davantage nécessaires à leur faiblesse.

Mais Satan multipliait les obstacles pour m'empêcher de trouver où pouvoir me reposer et même seulement vivre. Partout où j'allais, j'étais comme un errant, un fugitif, l'image de Caïn le maudit (*Gen.*, IV, 14). « Au-dehors les combats, au-dedans la peur » ne cessaient de me torturer, comme je l'ai déjà rappelé, et même, au-dehors comme au-dedans il y avait autant de combats que de peurs. Les attaques enragées de mes fils à mon encontre étaient beaucoup plus dangereuses et répétées que celles de mes ennemis. Les premiers, je les avais toujours en ma présence, et devais affronter sans relâche leurs pièges. La violence de mes ennemis, je la vois, quand ils m'agressent physiquement si je m'éloigne du cloître. Mais dans le cloître c'est la fourberie des machinations incessantes et violentes de mes fils que je dois soutenir : des moines qui m'ont été confiés comme à un père en ma qualité d'abbé ! Combien de fois ont-ils tenté de m'empoisonner, comme on l'avait fait pour saint Benoît[118] ! Ce même motif, qui l'amena à abandonner ses fils pervers, me poussait à suivre l'exemple clair d'un si grand Père de l'Eglise : d'ailleurs, m'exposer à un danger certain, ce n'était pas aimer Dieu, mais plutôt le tenter témérairement, et même me suicider. Du moins, le croirait-on. Je me méfiais de leurs embûches quotidiennes, surveillais autant que possible ma nourriture et ma boisson, mais ils allèrent jusqu'à machiner de me tuer pendant le sacrifice de la messe, en mettant du poison dans le calice. Un jour j'allais à Nantes rendre visite au comte qui était malade[119] : j'y logeai dans la demeure d'un de mes frères selon la chair. Eux avaient comploté de me faire empoisonner par le domestique qui m'accompagnait, pensant que dans ce lieu je me méfierais moins d'une machination. La Providence divine me fit négliger la nourriture qui m'était préparée, alors qu'un frère parmi les moines que j'avais amenés avec moi, ignorant de tout, s'en servit et tomba mort sur-le-champ. Le domestique qui avait eu l'audace de ce crime s'enfuit, terrifié par le témoignage de sa conscience et par la preuve des faits.

Dès lors le dérèglement de mes moines se manifesta ainsi à tous. Je me mis ouvertement à me tenir à l'écart de leurs pièges, dans la mesure du possible. Je me suis éloigné de l'abbaye et de leur groupe pour séjourner dans des prieurés avec un petit nombre de fidèles. Si les moines devinaient que je passerais par un endroit, ils payaient des brigands pour me guetter dans les chemins ou les sentiers et me tuer. Pendant que je me débattais au milieu de ces dangers la main du Seigneur me frappa avec rudesse : je fis accidentellement une chute de ma monture, me brisant la nuque. Et cette fracture m'abattit et m'affaiblit bien plus que ma première plaie.

Parfois j'essayais de maîtriser leur indomptable rébellion par l'excommunication. Je forçai quelques-uns de ceux d'entre eux que je craignais le plus à me jurer par un serment public et en engageant leur parole qu'ils se retireraient pour toujours de l'abbaye et ne m'inquiéteraient plus en quoi que ce fût. Mais ils violaient ouvertement et impudemment la foi donnée comme les serments prononcés. Finalement le pontife romain Innocent usa de son autorité et dépêcha un légat spécialement pour cette affaire. Les rebelles furent contraints, en présence du comte et des évêques, de renouveler leur serment et de le compléter sur plusieurs points. Même ainsi ils ne restèrent encore pas tranquilles. Et dernièrement, après l'expulsion de ceux dont je viens de parler, je rentrai à l'abbaye, confiant dans les autres frères qui m'inspiraient moins de soupçons : je les trouvai bien pires que les premiers. Avec eux, ce n'était pas le poison mais l'épée, tirée contre ma gorge : je pus m'échapper, avec difficulté, guidé par un seigneur du pays.

Voilà les dangers dans lesquels je me tourmente toujours encore. Chaque jour je sens un glaive menaçant au-dessus de ma tête[120]. J'ose à peine respirer pendant les repas, comme on le lit de cet homme qui considérait comme le plus grand bonheur la puissance du tyran Denys[121] et les richesses qu'il avait conquises, et qui, en voyant une épée pendue au-dessus de lui soutenue par un fil, apprit quel type de bonheur accompagne le pouvoir terrestre. C'est cela que j'éprouve sans répit, moi pauvre moine promu au rang d'abbé, d'autant plus malheureux que je suis devenu plus puissant. Afin qu'à mon exemple ceux qui d'eux-mêmes aspirent au même résultat refrènent leur ambition.

Mon frère très cher dans le Christ, toi qui de longue date es mon compagnon le plus proche dans ma vie religieuse, voilà l'histoire de mes malheurs dans lesquels je me débats sans discontinuer pour ainsi dire depuis le berceau. Je l'ai écrite en pensant seulement à ton affliction et à l'injustice que l'on t'a fait subir. Comme l'indiquait le début de ma lettre, tu jugeras qu'en comparaison des miennes les violences que tu as subies ne sont rien, ou sont vraiment peu de choses, et ainsi tu les trouveras plus légères et auras plus de patience pour les supporter. Garde toujours comme consolation ce que le Seigneur prédit à ses fidèles en parlant des fidèles du Diable : « S'ils m'ont persécuté, ils vous persécuteront. Si le monde vous hait, sachez qu'il m'a pris en haine avant vous. Si vous aviez été du monde, le monde aurait aimé ce qui était sien » (*Jean*, XV, 20, 18, 19). Et : « Tous ceux, dit l'apôtre, qui veulent vivre pieusement dans le Christ subiront la persécution » (II *Tim.*, III, 12). Et ailleurs :

« Est-ce que je cherche à plaire à des hommes ? Si je
voulais encore plaire à des hommes, je ne serais plus le
serviteur du Christ » (*Gal.*, I, 10). Et le psalmiste : « Ils
sont couverts de honte ceux qui plaisent aux hommes,
car Dieu les a rejetés » (LII, 6). Saint Jérôme, dont je
me considère le principal héritier puisque je reçois les
mêmes insultes, que je suis diffamé comme il l'a été,
réfléchit tout particulièrement sur ces paroles et écrit à
Népotien : « Si je voulais encore, dit l'apôtre, plaire à
des hommes, je ne serais plus le serviteur du Christ.
Paul a cessé de plaire aux hommes et il est devenu le
serviteur du Christ [122]. » Le même auteur écrit à Asella
sur les faux amis : « Je rends grâces à mon Dieu, car je
suis digne d'être haï par le monde [123]. » Et au moine
Héliodore : « Tu es dans l'erreur, frère, tu es dans
l'erreur si tu penses que le chrétien n'aura jamais à
subir la persécution. Notre adversaire, comme un lion
rugissant, rôde tout autour de nous cherchant à nous
dévorer et toi tu penses que c'est cela la paix ? Il est en
embuscade et guette les riches, etc. [124] »

Encouragés par ces enseignements et ces exemples,
nous devons nous résigner aux malheurs avec
d'autant plus de confiance qu'ils sont plus injustes.
S'ils ne servent pas à nos mérites, ne doutons pas
qu'ils nous aident du moins à expier quelque faute.
Puisque la Providence divine gère tout, chaque fidèle,
au milieu de ses tribulations, peut au moins se consoler : la souveraine bonté de Dieu n'a jamais permis
que rien ne s'accomplisse en dehors du plan divin, et
ramène elle-même à la meilleure des fins tout ce qui
va mal. C'est pourquoi il est sage de Lui dire en toute
circonstance : « Que Ta volonté soit faite » (*Matt.*,
XXVI, 42). Quelle consolation apporte à ceux qui
aiment Dieu l'autorité apostolique en affirmant :
« Nous savons que pour ceux qui aiment Dieu tout
concourt à leur bien... ! » (*Rom.*, VIII, 28). Et c'est le
fruit de sa réflexion que le Sage des sages nous livre
dans les *Proverbes* : « Quoi qu'il lui arrive, le juste ne
sera pas attristé » (XII, 21). Il prouve ainsi qu'ils
s'écartent manifestement de la justice divine ceux qui

se révoltent contre toute incommodité : ils savent bien pourtant que celle-ci fait partie du plan divin mais restent plus soumis à leur propre désir qu'à l'intention de Dieu ! Leur bouche s'écrit : « Que Ta volonté soit faite ! », alors qu'au fond d'eux-mêmes leur cœur y répugne, et qu'ils placent leur propre volonté avant la Sienne. Adieu.

LETTRE II

Première lettre d'Héloïse à Abélard.

A son seigneur, ou plutôt à son père,
à son époux, ou plutôt à son frère,
sa servante, ou plutôt sa fille,
son épouse, ou plutôt sa sœur,
à Abélard,
Héloïse.

Mon bien-aimé,
je viens par hasard de recevoir ta lettre de consolation à un ami. J'ai remarqué tout de suite d'après l'entête qu'elle était de toi, et je me suis mise à la lire avec une passion égale à la tendresse dont je chéris son auteur : t'ayant perdu physiquement, je voulais du moins recréer par les mots comme une image de toi.

Cette lettre, je la repasse en ma mémoire. Elle était pleine de fiel et d'absinthe [125]. Elle rappelait l'histoire malheureuse de notre changement de vie ainsi que, oh mon unique, les tourments qui te crucifiaient sans cesse. Tu as vraiment accompli dans cette lettre ce que tu as promis à ton ami en la commençant, l'amener à juger ses propres malheurs sans consistance ou légers en comparaison des tiens. Tu y as exposé d'abord les persécutions de tes maîtres contre toi, puis l'agression sur ton corps à la suite de la pire des trahisons, et tu t'es appliqué à montrer l'exécrable jalousie et les attaques acharnées de tes condisciples, Albéric de Reims et Lotulphe le Lombard. Tu n'as pas omis

ce qui s'est passé sur leurs suggestions pour ton glorieux ouvrage de théologie et pour toi-même,
condamné pratiquement à la prison. Puis tu es arrivé
aux machinations de ton abbé et de tes hypocrites de
frères, aux diffamations extrêmement graves de ces
deux pseudo-apôtres (II *Cor.*, XI, 13) poussés par tes
rivaux, au scandale public soulevé par le nom de
Paraclet donné contre l'usage à ton oratoire. Et enfin
tu as terminé ta pitoyable histoire par les persécutions
intolérables et sans répit jusqu'à ce jour que dirigèrent
contre toi ce tyran avide ainsi que ces moines, les pires
de tous, que tu appelles tes fils.

Je crois que personne ne peut lire ou écouter un tel
récit les yeux secs [126]. Il a renouvelé et approfondi mes
souffrances par le soin mis à faire revivre chaque fait,
il les a accrues quand tu as écrit que les dangers conti-
nuaient encore à croître pour toi. Au point que nous
toutes, les religieuses, nous sommes amenées à déses-
pérer de ta vie et, chaque jour, le cœur battant, la poitrine oppressée, nous attendons l'ultime nouvelle de
ton assassinat. C'est pourquoi nous te conjurons par
le Christ qui pour sa gloire te protège toujours d'une
certaine manière : daigne nous écrire fréquemment
pour rassurer ses petites servantes et les tiennes sur les
périls où tu flottes encore. Nous, les seules qui te res-
tons fidèles, que du moins nous participions à tes
souffrances et à tes joies.

Normalement partager la douleur apporte une
réelle consolation, et une charge est plus légère à soutenir ou à transporter quand on est à plusieurs. Si
cette tempête se calmait un peu, tu devrais te hâter de
nous l'écrire, d'autant que tes lettres nous rendraient
alors plus joyeuses. Mais quel que soit l'objet de tes
lettres, tu nous apporteras un grand réconfort en nous
donnant au moins la preuve que tu te souviens de
nous. Les lettres de nos amis absents sont une vraie
joie, comme Sénèque l'enseigne par son exemple en
écrivant à son ami Lucilius :

> Je te remercie de m'écrire souvent : car tu te
> montres ainsi à moi de la seule manière possible. Je ne

reçois jamais une lettre de toi que nous ne soyons immédiatement ensemble. Si les portraits de nos amis absents sont agréables, puisqu'ils en ravivent la mémoire et en allègent le regret, même si cette consolation est trompeuse et vaine, combien plus agréables sont les lettres qui, elles, apportent les traits véridiques de l'ami lointain. (40,1)

Grâces soient rendues à Dieu, aucun jaloux ne peut t'empêcher, du moins de cette façon, de nous restituer ta présence, aucune difficulté n'y fait obstacle : je t'en conjure, que nulle négligence ne t'arrête!

Tu as écrit une longue lettre de consolation à ton ami : tu visais ses malheurs, mais tu parlais des tiens. En les rappelant scrupuleusement, tu cherchais à le consoler mais tu as bien aggravé notre souffrance, tu désirais guérir ses plaies mais tu nous en a causé de nouvelles, et ravivé les anciennes. Je t'en prie, guéris les plaies que tu as causées, toi qui t'efforces de guérir celles que les autres ont provoquées. Certes, tu t'es plié aux désirs de ton ami et compagnon, et tu as acquitté la dette de l'amitié, de la camaraderie. Mais tu es lié à nous par une plus grande dette, nous qu'il convient d'appeler non simplement tes amies mais les plus chères de tes amies, non tes compagnes, mais tes filles, ou d'un nom plus doux et plus sacré, si l'on peut en trouver un. La grandeur de la dette qui t'oblige envers ces femmes ne manque pas d'arguments ou de témoins pour être prouvée si tu la mettais en doute : et si tous se taisaient, les faits eux-mêmes la proclameraient[127]. Car, cette maison, tu en es le seul fondateur après Dieu, tu es le seul bâtisseur de cet oratoire, le seul maître d'œuvre de cette congrégation. Tu n'as rien bâti en te servant des fondations d'un autre[128]. Tout est ici ta création. Ce désert livré aux bêtes sauvages et aux brigands n'avait connu aucune demeure humaine, porté aucune maison. Au milieu des tanières de bêtes, des repaires de brigands, là où le nom de Dieu n'était pas prononcé, tu as édifié un tabernacle divin, tu as dédié un temple en propre à l'Esprit saint. Pour sa construction, tu n'as pas recouru aux biens des rois et des puissants. Tu pouvais disposer de ressources nombreuses et abondantes, mais tu voulais que tout ce qui serait pût t'être attribué à toi seul. Les clercs et les étudiants rivalisaient pour y accourir suivre ton enseignement et prenaient en charge tout le côté matériel. Ceux qui vivaient de bénéfices ecclésiastiques et ne savaient donc que recevoir des offrandes, pas en faire, ceux qui avaient eu des mains prêtes à prendre et non à donner, tous devenaient en ce lieu généreux sans compter et avec fougue.

Elle est à toi donc, vraiment à toi, en toute propriété, cette nouvelle plantation conforme au dessein divin. Il faut irriguer fréquemment ses plants encore extrêmement tendres afin qu'ils tirent profit de tout ce qui leur est nécessaire. Même si elle n'est pas récente, cette plantation est réellement faible et fragile, à cause de la nature même du sexe féminin. Elle nécessite donc des soins plus attentifs et plus constants, car, selon l'apôtre : « j'ai planté, Apollos a arrosé, mais c'est Dieu qui a donné la croissance » (I *Cor.*, III, 6). L'apôtre avait planté et enraciné dans le terreau de la foi les Corinthiens à qui il écrivait, grâce à la doctrine qu'il avait prêchée. Puis son disciple Apollos les avait arrosés en les exhortant de la parole sacrée, et ainsi la grâce divine put les combler de la croissance des vertus. Toi, le fruit d'une vigne étrangère, que tu n'as pas plantée, se change en amertume quand tu essaies de la cultiver [129] ; tes admonestations sont souvent vaines et tes pieux sermons sans résultat. Regarde ce que tu dois à ta propre vigne, toi qui te préoccupes ainsi de celle d'autrui ! Tu enseignes et admonestes des rebelles, et tu n'en retires aucun profit : c'est en vain que tu répands les perles de la parole divine devant des porcs (*Mt.*, VII, 6). Toi qui offres de tels trésors à des obstinés, pense à ce que tu dois offrir à celles qui sont prêtes à t'obéir. Toi qui te montres si généreux avec des ennemis, réfléchis à ce que tu dois à tes filles. Et même sans parler de toutes les autres, examine la grandeur de l'obligation qui te lie à moi : alors, en t'acquittant de ta dette envers moi — ce que tu feras avec d'autant plus de zèle que je suis tienne d'une manière unique — tu rempliras tes devoirs envers la communauté de ces pieuses femmes.

Les Pères de l'Eglise ont consacré de nombreux et longs traités pour instruire, exhorter et même réconforter de saintes femmes. Le soin qu'ils mirent à les composer, tu les connais mieux que moi, toi si grand et moi si petite. C'est pourquoi depuis longtemps mon étonnement est extrême devant ton attitude : aux débuts encore fragiles de notre communauté religieuse, tu as été négligent, et, ni par respect pour Dieu, ni par amour de moi, ni pour suivre l'exemple des saints Pères, tu n'as cherché à me consoler par ta parole quand j'étais là, par des lettres quand j'étais absente [130], alors que je suis ballottée, épuisée, infiniment triste. Pourtant tu sais que tu m'es lié par la plus grande des obligations, puisque tu m'es uni par le sacrement nuptial, d'autant plus étroitement que je t'ai toujours, aux yeux de tous, aimé d'un amour sans limite.

Tu sais, mon bien-aimé, comme tous savent, ce que j'ai perdu en toi et dans quelle pitoyable circonstance une immense trahison, aux yeux du monde entier, m'a enlevée à moi-même en t'enlevant à moi, si bien que la douleur provoquée par la façon dont tout s'est passé est incomparablement plus grande que celle de ta perte elle-même. Plus grande est la raison de la douleur, plus grands sont les remèdes à apporter pour l'apaiser : ils ne peuvent pas me venir de quelqu'un d'autre que de toi-même, car toi seul es à l'origine de ma douleur, et toi seul donc dois être à la source de ma consolation. Puisque tu es le seul qui puisse m'apporter la tristesse, tu es le seul à pouvoir me rendre joyeuse ou me consoler. Tu es le seul qui me le doive, et cette obligation est totale, car moi j'ai accompli absolument tout ce que tu m'as commandé : il m'était impossible de te résister en quoi que ce soit, alors j'ai eu la force de me perdre moi-même sur ton ordre. Le plus important, et le plus étonnant, c'est que mon amour s'est tourné en une folie telle que le seul être qu'il désirait, il se l'enlevait lui-même sans espoir de le retrouver, lorsque dès ton ordre je changeais moi-même d'habit et de cœur. Je montrais ainsi que tu étais l'unique maître de mon corps comme de mon âme.

Jamais, Dieu le sait, je n'ai cherché en toi rien d'autre que toi-même : c'est toi que je désirais, non ce qui était lié à toi. Je n'ai attendu ni une alliance matrimoniale ni une dot, et ce ne sont ni mes plaisirs ni mes souhaits mais les tiens, tu le sais bien, que j'ai tâché de satisfaire de tout mon cœur. Et si le nom d'épouse paraît plus sacré et plus fort, le nom d'amie m'a toujours paru plus doux, comme ceux, sans vouloir te choquer, de concubine ou de courtisane : en m'humiliant davantage pour toi, je pensais acquérir une plus grande reconnaissance de ta part, et nuire aussi le moins possible à la grandeur de ta gloire. Toi-même tu ne l'as pas oublié, tu m'as fait cette grâce. Et, dans la lettre destinée à consoler un ami, celle dont je viens de parler, tu n'as pas jugé indigne d'exposer quelques arguments par lesquels je m'étais efforcée de te détourner de notre mariage et de funestes noces. Mais tu as passé sous silence les plus nombreux, ceux qui me faisaient préférer l'amour au mariage, la liberté au lien. Dieu m'en soit témoin, si Auguste, le maître de l'Univers, m'avait jugée digne de l'honneur d'être son épouse et assuré la possession perpétuelle du monde entier, j'aurais trouvé plus précieux et plus digne de pouvoir être appelée ta putain [131] plutôt que son impératrice. Car d'être plus riche et plus puissant ne rend pas meilleur : c'est simplement le hasard qui joue dans le premier cas, mais la vertu dans l'autre.

Celle qui préfère épouser un riche qu'un pauvre, et convoite dans son mari ce qu'il possède plus que sa personne, est vraiment vénale. Il est sûr que celle qu'un tel désir conduit au mariage mérite plus un salaire que de l'amour. Car elle s'attache aux biens et non à l'être humain, et, si elle le pouvait, se prostituerait à un plus riche. La même conviction ressort manifestement dans un dialogue d'Eschine [132], un disciple de Socrate, de l'argumentation utilisée par la philo-

sophe Aspasie au cours de sa discussion avec Xéno-
phon et son épouse. Elle voulait les réconcilier et pro-
posa un raisonnement par induction avant de
conclure ainsi sa démonstration :

> C'est pourquoi à moins que vous ne parveniez pas à
> ce qu'il n'existe sur terre aucun homme meilleur et
> aucune femme plus aimable, certainement vous
> rechercherez toujours de toutes vos forces ce que vous
> pensez représenter l'idéal, être le mari de la meilleure
> des femmes, l'épouse du meilleur des maris[133].

Croire avoir le meileur conjoint relève du sacré et
dépasse la philosophie, est du domaine de la sagesse
de vie plus que du raisonnement. C'est une pieuse
erreur et un bienheureux mensonge entre époux
d'attribuer à cette délicatesse des cœurs l'amour parfait qui garde sans accroc les liens du mariage, alors
que c'est la maîtrise des corps par la continence qui le
permet. Mais ce qu'une telle erreur fait croire à toutes
les autres, c'est une vérité manifeste qui me l'a enseigné : ce que les femmes pensent habituellement de
leur mari, je le pensais de toi, mais comme le monde
entier le croyait aussi, et même en était sûr, mon
amour pour toi était d'autant plus vrai qu'il se trouvait
protégé de toute erreur.

Car quel roi, quel philosophe pouvait égaler ta
renommée ? Quel pays, quelle cité, quelle ville
n'entrait en effervescence pour te voir ? Qui, je le
demande, ne se précipitait pour t'admirer quand tu te
montrais en public, et ne cherchait à te suivre des
yeux, cou tendu, quand tu t'éloignais ? Quelle femme
mariée, quelle jeune fille ne te désirait en ton absence,
ne brûlait en ta présence ? Quelle reine, quelle grande
dame ne jalousait mes joies et mon lit ?

Je le reconnais, tu possédais en particulier deux
dons qui pouvaient t'attirer instantanément le cœur de
n'importe quelle femme, savoir composer des vers, et
chanter[134] : nous le savons bien, ces dons manquent
totalement aux autres philosophes. Grâce à eux, tu te
détendais des fatigues des exercices philosophiques
comme en jouant, et tu as laissé de nombreuses chan-

sons au mètre et au rythme amoureux. L'exquise douceur de leurs paroles et de leurs musiques les faisait
chanter souvent et plaçait continuellement ton nom
dans la bouche de tout le monde. Les illettrés eux-
mêmes, charmés par la douceur de tes mélodies, ne
pouvaient pas ne pas se souvenir de ton nom. Telle
est la principale raison pour laquelle les femmes aspiraient à ton amour. Et comme la plus grande part de
ces chansons chantaient nos amours, en un éclair elles
répandirent mon nom dans plusieurs régions et excitèrent contre moi la jalousie de nombreuses femmes.

En effet, de quel bien de l'esprit ou du corps ta jeunesse n'était-elle pas ornée ? Quelle femme, alors
jalouse de moi, ne compatirait à mes malheurs
aujourd'hui que je suis privée de tels plaisirs ? Quel
homme, quelle femme, même d'abord hostile, ne
serait maintenant attendri de pitié pour moi ? Moi qui
ai commis beaucoup de fautes, je suis bien innocente,
tu le sais. Car la culpabilité n'est pas dans l'acte mais
dans la disposition d'esprit. La justice pèse non les
actes mais les intentions. Or mes intentions à ton
égard, tu es le seul qui peut en juger puisque tu es le
seul à les avoir mises à l'épreuve. Je m'en remets pour
tout à ton examen, je m'abandonne en tout à ton
témoignage.

Donne une seule raison, si tu le peux, qui explique
pourquoi, après notre commune entrée en religion
dont toi seul as pris la décision, tu m'as tellement
délaissée et oubliée que je n'ai ni ta présence et ta
parole pour me donner courage, ni une lettre de toi
pour me consoler en ton absence. Dis-le, si tu le peux,
ou alors je dirai ce que j'ai en tête, ce que tout le
monde soupçonne : tu t'es lié à moi plus par concupiscence que par affection, par ardeur sensuelle plus
que par amour. Et donc, lorsque tes désirs s'étei-
gnirent, toutes les attentions qu'ils suscitaient s'éva-
nouirent également. Voilà, mon bien-aimé, moins ce
que je conjecture que ce que tous pensent, moins mon
avis propre que l'avis commun, moins une opinion
privée que l'opinion publique. Si je pouvais être la

seule à l'imaginer, et si ton amour pouvait se trouver des excuses afin d'apaiser un peu ma douleur! Si moi-même je pouvais imaginer des circonstances qui t'excusent et masquent en quelque manière ma bassesse!

Considère, je t'en conjure, ce que je te demande : tu verras que c'est peu de chose, que tu peux très facilement y satisfaire. Puisque je suis frustrée de ta présence, qu'au moins ce que tu m'offrirais par les mots, dont tu es si riche, me rende la douceur de ton image. Comment puis-je attendre que tu sois généreux en actes si tu te montres si avare en paroles ? J'avais cru avoir vraiment acquis beaucoup de mérite à tes yeux, puisque j'avais tout accompli pour toi et que je persévère aujourd'hui surtout pour t'obéir. J'ai entraîné ma tendre jeunesse dans la dureté de la vie monastique non par dévotion mais seulement parce que tu l'avais ordonné : si cela ne m'est d'aucun mérite, juge combien j'ai souffert en vain. C'est une action pour laquelle je n'ai rien à attendre de Dieu, puisque je n'ai rien fait par amour pour Lui. En prenant l'habit, je t'ai suivi quand tu te précipitais dans les bras de Dieu, ou plutôt je t'ai précédé. Car, comme si tu te souvenais de la femme de Loth qui s'était retournée (*Gen.*, XIX, 26), tu m'as vouée à Dieu avant de te vouer toi-même, en me faisant revêtir les vêtements religieux et prononcer la profession monastique ; ce qui, je l'avoue, m'a fait souffrir douloureusement comme d'un manque de confiance en moi, le seul de ta part, et m'a couverte de honte. Or, Dieu le sait, je n'aurais pas, moi, hésité à te précéder ou à te suivre sur ton ordre, même si tu te précipitais dans un volcan. Car mon cœur n'était pas avec moi, mais avec toi, et, aujourd'hui surtout, s'il n'est pas avec toi, il n'est nulle part. Il ne peut vraiment pas exister sans toi. Mais, je t'en conjure, fais qu'il se trouve bien avec toi. Il sera bien avec toi s'il te trouve bienveillant, si seulement tu lui rends grâce pour grâce[135], de petites choses pour des grandes, des paroles à la place des actes. Si ton amour pour moi, mon aimé, était moins sûr de lui, tu serais plus empressé! Mais je t'ai rendu tellement sûr de lui que je tu te montres fort négligent.

Souviens-toi, je t'en conjure, de ce que j'ai accompli, et considère la grandeur de ta dette. Quand je jouissais des voluptés charnelles avec toi, la plupart doutaient de ma motivation : l'amour ou la concupiscence. Aujourd'hui le dénouement de l'aventure prouve dans quel esprit je l'ai débutée : je me suis interdit toutes les voluptés pour obéir à ta volonté ; je ne me suis rien gardé, si ce n'est de me faire toute à toi aujourd'hui.

Vois quelle est ton ingratitude si tu récompenses le moins, voire pas du tout, celle qui a mérité le plus, d'autant que ce qui t'est demandé est minime et très facile pour toi. C'est pourquoi, je t'en conjure, par ce même Dieu à qui tu t'es consacré, rends-moi ta présence comme cela t'est possible : en m'écrivant pour me consoler ; au moins pour que, ainsi soutenue, je me consacre au service de Dieu de tout mon élan. Lorsque, autrefois, tu m'attirais aux voluptés honteuses, tu me submergeais de fréquents courriers, tes nombreuses chansons plaçaient le nom de ton Héloïse dans la bouche de tous. Toutes les places publiques, toutes les demeures particulières résonnaient de mon nom. Ne serait-ce pas plus juste de m'exciter maintenant à l'amour de Dieu qu'alors au plaisir?

Considère, je t'en conjure, ce que tu dois, regarde ce que je demande.

Je conclus brièvement cette longue lettre : adieu, mon unique.

LETTRE III

Réponse d'Abélard à Héloïse.

A Héloïse, sa sœur très chère dans le Christ,
Abélard, son frère dans le même Christ.

Que je ne t'aie jamais écrit pour te consoler ou
t'exhorter, après notre conversion de la vie du siècle à
Dieu, doit être attribué non à ma négligence mais à ta
sagesse, en laquelle j'ai toujours une totale confiance.
Je n'ai pas cru en effet que tu en avais besoin, toi à qui
la grâce divine a donné avec abondance toutes les
qualités nécessaires pour enseigner ceux qui sont dans
l'erreur, consoler les faibles, exhorter les tièdes, par tes
paroles et par tes exemples : tout cela, tu as l'habitude
de l'accomplir depuis longtemps, depuis cette époque
où tu avais obtenu la charge de prieure sous la direction de ton abbesse[136]. Si tu offres aujourd'hui à tes
filles la même attention qu'autrefois à tes sœurs, je
suis convaincu que cela suffira et estime complètement superflu tout enseignement ou encouragement
de ma part. Si pourtant, dans ton humilité, tu en
jugeais autrement et que tu pensais avoir besoin de ma
direction et de mes écrits pour des questions religieuses, écris-moi ce que tu désires afin que je te
réponde, avec l'aide de Dieu.

Pour l'instant, je rends grâces à Dieu d'avoir inspiré
à vos cœurs de la sollicitude pour mes malheurs si
pénibles et si constants. Il vous a amenées à participer
à mes souffrances afin que, appelée par vos prières, la

miséricorde divine me protège et écrase promptement Satan sous nos pieds. Quant à l'hymne[137] que tu m'as réclamé avec insistance, ma sœur déjà chère jadis dans le siècle, aujourd'hui très chère dans le Christ, je me suis hâté de te l'envoyer. Tu y trouveras à offrir à Dieu en sacrifice des prières pour mes grands et nombreux écarts ainsi que pour les périls qui me menacent chaque jour sans relâche.

J'ai à l'esprit de nombreux témoignages sur la place que tiennent les prières des fidèles auprès de Dieu et des saints, et tout particulièrement celles de femmes pour ceux qui leur sont chers, d'épouses pour leurs maris. Ils sont convaincants. Aussi l'apôtre nous pousse-t-il à prier sans arrêt. Par ailleurs, nous lisons que le Seigneur a dit à Moïse : « Laisse-moi, ma colère va s'enflammer contre eux » (*Exode*, XXXII, 10), et à Jérémie : « Toi, ne va pas prier pour ce peuple-là, et n'insiste pas auprès de moi » (VII, 16). Par ces paroles, le Seigneur lui-même reconnaît que les prières des saints sont comme un frein à Sa colère, peuvent la contenir afin qu'Il ne punisse pas les pécheurs en raison de ce qu'ils méritent. Lui que la justice conduit à la vengeance comme de Lui-même, les supplications des amis Le fléchissent et sont comme une force qui Le retient malgré Lui, si l'on peut dire. Ainsi demande-t-Il à celui qui prie ou qui va prier : « Laisse-moi » et « N'insiste pas auprès de moi ». Le Seigneur demande de ne pas prier pour les impies : le juste prie quand même, malgré la défense du Seigneur, et il obtient de Lui ce qu'il demande, parvient à changer la sentence du juge en colère. Ainsi est-il ajouté, à propos de Moïse : « Et le Seigneur renonça à faire fondre sur son peuple le malheur dont Il l'avait menacé » (*Exode*, XXXII, 14). Il est bien écrit ailleurs, à propos de toutes les œuvres de Dieu : « Il dit, et tout existe » (*Ps.*, XXXII, 9), mais dans le même texte il est rappelé que Dieu avait aussi dit ce que méritait le peuple comme châtiment, mais qu'à cause de la force de la prière Il n'avait pas fait exister ce qu'Il avait dit.

Comprends donc la grandeur du pouvoir de notre

prière, si nous demandons ce qui nous est commandé, puisque le Prophète a obtenu en priant ce que Dieu lui avait interdit de demander, et a réussi à détourner Dieu de ce qu'Il avait dit!

Un autre prophète a demandé au Seigneur: « Quand Tu seras en colère, souviens-Toi d'avoir pitié! » (*Habaquq*, III, 2). Que les princes de la terre écoutent et comprennent ce conseil, eux que l'on trouve, dans l'exercice de la justice qu'ils ont établie et édictée, plus obstinés que justes. Ils rougissent de paraître cléments s'ils se montrent accessibles à la pitié, et menteurs s'ils changent leurs décrets ou n'accomplissent ce qu'ils ont établi pourtant à la légère, et s'ils amendent leurs textes par leurs actes. Je dis qu'en vérité il faut les comparer à Jephté: il avait prononcé un vœu insensé, et fut bien plus insensé de l'accomplir en tuant sa fille unique (*Juges*, XI, 30-40). Tandis que celui qui désire être fait membre du Christ, de Celui à qui le Psalmiste dit: « Je chanterai ta miséricorde et ta justice » (CI, 1), et dont il est écrit: « Sa miséricorde rehausse Son jugement » (*Jacques*, II, 13), qu'il soit aussi attentif aux menaces que profère ailleurs l'Ecriture: « Le jugement est sans miséricorde pour qui ne fait pas miséricorde » (*Jacques*, II, 13). Conscient de cette exigence, le Psalmiste, à la prière de l'épouse de Nabal du Carmel, rompit par miséricorde son serment de détruire en toute justice son mari et sa maison: il fit passer la prière avant la justice, et la faute commise par le mari fut effacée par la supplique de l'épouse (I *Sam.*, XXV).

Cet exemple, ma sœur, te montre ce que la prière de cette femme a obtenu auprès d'un homme: que ne peux-tu donc en toute confiance oser pour moi, quand c'est auprès de Dieu! Il est notre père et aime plus ses fils que David cette femme qui le suppliait! Ce roi passait pour pieux et miséricordieux, certes, mais Dieu est la piété et la miséricorde mêmes. Et cette femme était du monde, une laïque; elle n'était pas liée à Dieu par une sainte profession de foi! De plus, si ta prière ne suffit pas pour être exaucée, le groupe de saintes femmes qui t'entourent, vierges ou veuves, obtiendra ce que tu ne peux par toi-même. Car, quand Celui qui est la Vérité dit à Ses disciples : « Lorsque deux ou trois personnes sont réunies en mon nom, je suis là au milieu d'elles » (*Mtt.*, XVIII, 20), et aussi : « Si deux d'entre vous s'accordent [...] pour demander quoi que ce soit, cela leur sera accordé par mon Père » (*Mtt.*, XVIII, 19), qui ne voit le prix que peut valoir auprès de Dieu la prière assidue de toute une sainte communauté ? Si, comme l'affirme l'apôtre, « la prière assidue d'un seul juste a beaucoup de puissance » (*Jacques*, V, 16), que ne peut-on attendre de la multitude d'une congrégation ? Tu sais, très chère sœur, d'après l'homélie XXXVIII de saint Grégoire, l'aide rapide apportée à un moine par la prière de ses frères, malgré son opposition. Ce qui y est relaté scrupuleusement sur ce moine, arrivé à sa dernière extrémité, sur la peur du péril qui tourmentait sa malheureuse âme, sur le désespoir et le dégoût de la vie qui le poussaient à détourner ses frères de la prière, cela est bien connu de ta sagesse [138].

Puissent ces faits vous donner plus de confiance à toi et à la compagnie de tes saintes sœurs pour prier afin que Dieu me garde à vous vivant. Il est en effet celui par qui, au témoignage de Paul, « des femmes ont recouvré leurs morts ressuscités » (*Héb.*, XI, 35). Car si tu feuillettes les pages de l'Ancien Testament et des Evangiles, tu trouveras que les plus grands miracles de résurrection ont eu lieu surtout, voire uniquement, devant des femmes, accomplis pour elles ou sur elles. L'Ancien Testament rapporte deux cas de morts ressuscités à la prière de leurs mères, par Elie et par son disciple Elisée [139]. L'Evangile, lui, contient trois récits de résurrections que le Seigneur a accomplies sur la demande de femmes. Voilà qui confirme l'affirmation de l'apôtre que je viens de rappeler : « des femmes ont recouvré leurs morts par la résurrection ». Jésus, devant la porte de la ville de Naïn, ressuscita le fils d'une veuve et le rendit à sa

mère dont la souffrance l'avait ému (*Luc*, VII, 12-15).
Il ressuscita aussi Lazare, son ami, à la suite des supplications de ses sœurs, Marie et Marthe (*Jean*, XI,
17-44). Et quand il fit la même grâce à la fille du chef
de la synagogue sur la requête de son père, on peut
quand même dire « des femmes ont recouvré leurs
morts par la résurrection » puisque c'est bien une
femme qui a recouvré son propre corps ressuscité de
la mort, exactement comme les autres ont recouvré le
corps des leurs (*Marc*, V, 22-43). De plus, s'il a suffi à
chaque fois de peu de personnes intervenant pour
obtenir ces résurrections, combien plus facile sera la
sauvegarde de ma vie avec la multitude des prières
dues à votre dévotion ! Votre abstinence, comme votre
chasteté consacrée à Dieu, Lui seront très agréables et
Le rendront d'autant plus favorable. Par ailleurs, la
plupart, sans doute, des ressuscités n'étaient pas des
fidèles, de même que la veuve déjà citée, dont le Seigneur ressuscita le fils sans qu'elle L'en ait prié, n'est
pas présentée comme ayant la foi : nous au contraire
nous sommes liés l'un à l'autre non seulement par
l'intégrité de la foi, mais encore par une même profession religieuse.

Je laisse de côté à présent le saint couvent de tes
religieuses dans lequel la dévotion de nombreuses
vierges et veuves sert avec zèle le Seigneur sans discontinuer. J'en viens à toi seule, dont la sainteté, j'en
suis sûr, a un très grand pouvoir sur Dieu, et à ce que
tu peux me devoir, maintenant surtout que je souffre
au plus fort de l'adversité. Souviens-toi toujours dans
tes prières de celui qui est tout particulièrement à toi ;
veille en priant, d'autant plus confiante que tu sais ta
prière juste, ce qui la rend plus recevable par Celui-là
même que tu dois prier.

Je t'en conjure, écoute avec l'oreille du cœur ce que
tu as plus souvent entendu avec l'oreille du corps ! Il
est écrit dans les *Proverbes* : « Une femme diligente est
une couronne pour son mari » (XII, 4), et encore :
« Qui trouve une femme de bien trouve le bonheur et
obtiendra du Seigneur la joie » (XVIII, 22) ; ou : « La

maison et les richesses sont données par les parents, mais une femme sage est un don de Dieu » (XIX, 14). Et dans l'*Ecclésiastique* : « Heureux le mari d'une femme excellente » (XXVI, 1), et quelques vers après : « Une femme excellente est une part de choix » (XXVI, 3). Et, selon l'autorité de l'apôtre : « L'homme qui n'a pas la foi est sanctifié par une épouse croyante » (I *Cor.*, VII, 14). Notre royaume, celui des Francs, en a fait l'expérience par une démonstration de la grâce divine : lorsque le roi Clovis se convertit à la foi du Christ, le royaume tout entier fut soumis aux lois de Dieu grâce à la prière de l'épouse du roi plus qu'à la prédication des saints, afin que l'exemple des grands entraîne les humbles à prier assidûment. C'est à la même assiduité que la parabole du Seigneur nous invite instamment :

> S'il continue à frapper, je vous le dis, même si l'autre ne se lève pas pour lui donner en qualité d'ami ce qu'il réclame, il se lèvera du moins à cause de son impudence et lui donnera tout ce dont il a besoin. (*Luc*, XI, 8.)

Cette impudence de la prière, si l'on peut dire, a permis à Moïse, comme je l'ai rappelé, d'enlever toute rigueur à la sévérité de la justice divine et de modifier sa sentence.

Tu le sais, ma bien-aimée, quel élan de charité votre communauté avait l'habitude de montrer autrefois dans la prière, en ma présence. En effet, à la fin de chacune des heures, tous les jours, vous étiez habituées à offrir pour moi au Seigneur cette supplique spéciale :

> Répons : Ne m'abandonne pas, ne t'éloigne pas de moi, Seigneur.
> Vers : Sois toujours attentif à me secourir, Seigneur.
> Prière : Mon Dieu, sauve Ton serviteur, qui espère en Toi.
> Seigneur, exauce ma prière, et que mon appel arrive jusqu'à Toi.
> Oraison : Dieu, Toi qui as daigné faire rassembler tes petites servantes en Ton nom par Ton humble ser-

viteur, nous Te demandons de leur accorder, à lui comme à elles, la persévérance pour suivre Ta volonté. Par le Seigneur, etc.

Mais maintenant que je ne suis plus là, j'ai d'autant plus besoin du secours de vos prières que je suis oppressé par l'angoisse d'un plus grand péril. Aussi je vous le demande en suppliant, je vous supplie en le demandant, aujourd'hui loin de vous je voudrais éprouver la sincérité de l'amour qui peut se manifester en vous pour un absent. Pouvez-vous ajouter à la fin de chacune de vos heures cette prière particulière :

> Répons : Ne m'abandonne pas, Seigneur, Père et Maître de ma vie, que je ne m'effondre pas sous les yeux de mes adversaires, que mon ennemi ne se réjouisse pas sur mon compte.
> Vers : Prends Tes armes et Ton bouclier, et lève-Toi pour m'aider, qu'il ne se réjouisse pas, etc.
> Prière : Mon Dieu, sauve Ton serviteur, qui espère en Toi. Envoie-lui Ton aide, Seigneur, depuis Ton sanctuaire et depuis Sion, pour le protéger. Sois pour lui, Seigneur, comme une tour fortifiée à la face de l'ennemi. Seigneur, exauce ma prière, et que mon appel arrive jusqu'à Toi.
> Oraison : Dieu, Toi qui as daigné faire rassembler tes petites servantes en Ton nom par Ton humble serviteur, nous Te demandons de le protéger de toute adversité et de le rendre sain et sauf à tes servantes. Par le Seigneur, etc. ?

Et s'il advenait que le Seigneur me livre aux mains de mes ennemis, qu'ils se révèlent plus forts que moi et me tuent, ou quelle que soit la circonstance qui me verra entrer loin de toi dans la route que doit prendre toute chair, je t'en conjure, où que se trouve mon cadavre, enseveli ou abandonné, fais-le transporter dans votre cimetière. Là tes filles, tes sœurs dans le Christ, verront souvent ma sépulture et seront davantage incitées à répandre pour moi des prières au Seigneur. Je pense qu'il n'y a pas de lieu plus sûr et plus salutaire pour une âme douloureuse, que l'erreur de ses péchés désole, que celui qui est consacré spécialement au vrai Paraclet — c'est-à-dire au Consolateur

— et qui est ennobli tout particulièrement de Son nom. J'estime que pour une sépulture chrétienne il n'y a pas de lieu plus adéquat au milieu de croyants qu'au milieu de femmes dévouées au Christ. Ces femmes, qui ont pris soin de la sépulture de Notre-Seigneur Jésus-Christ, sont venues avant et après avec des onguents précieux, ont veillé avec vigilance autour de son sépulcre et se sont lamentées en pleurant sur la mort de l'Epoux [140], comme il est écrit : « Des femmes assises auprès du tombeau se lamentaient et pleuraient le Seigneur [141]. » Là elles furent les premières à être consolées par l'apparition de l'ange et ses paroles expliquant la résurrection. Elles méritèrent de ressentir la joie de la résurrection du Seigneur ainsi que de le toucher de leurs mains, quand Il leur apparut deux fois.

Mais pour finir, par-dessus tout je vous le demande : aujourd'hui vous êtes dans la peine à cause de l'excessive sollicitude que vous me témoignez devant le péril couru par mon corps ; ayez le même souci du salut de mon âme ! Que les prières particulières que vous adresserez spécialement pour lui montrent au défunt combien vous l'avez aimé vivant !

Vis et porte-toi bien !

Que vivent tes sœurs et qu'elles se portent bien !

Vivez, mais je vous prie, gardez dans le Christ mon souvenir.

LETTRE IV

Réponse d'Héloïse au même Abélard.

A mon unique après le Christ,
son unique dans le Christ.

Je m'étonne, mon unique, que contrairement à
l'usage de la correspondance, et même à l'ordre naturel, tu aies eu l'audace de me placer avant toi dans les
salutations à l'en-tête de ta lettre : la femme avant
l'homme, l'épouse avant son mari, la servante avant le
maître, la moniale avant le moine, la diaconesse avant
le prêtre, l'abbesse avant l'abbé! La correction et la
politesse veulent que, quand on écrit à un supérieur
ou à un égal, on place le nom du destinataire avant le
sien; mais quand on écrit à un inférieur, l'ordre des
noms est celui des dignités.

Notre étonnement fut grand de te voir accroître la
souffrance de celles à qui tu aurais dû apporter le
réconfort de ta consolation, et provoquer les larmes
que tu aurais dû apaiser. Car laquelle d'entre nous
aurait pu écouter les yeux secs [142] la fin de ta lettre :
« et s'il advenait que le Seigneur me livre aux mains de
mes ennemis [143], qu'ils se révèlent plus forts que moi
et me tuent », etc. ? Oh mon bien-aimé, qu'avais-tu en
tête quand tu as eu cette pensée ? Comment ta bouche
a pu l'exprimer ? Que jamais Dieu n'oublie ses petites
servantes au point de les laisser te survivre! Que
jamais Il ne nous donne ainsi une vie plus lourde à
porter que n'importe quelle mort! C'est à toi qu'il

convient de célébrer nos funérailles, de recommander nos âmes à Dieu, et de te faire précéder auprès de Lui de celles que tu as rassemblées pour Lui : ainsi tu ne t'inquiéteras pas plus longtemps pour nous, et tu nous suivras avec joie une fois rassuré sur notre salut.

Epargne, je t'en conjure, mon seigneur, épargne de tels propos à ces malheureuses que tu rends encore plus malheureuses ! Ce que nous vivons, quelle qu'en soit la qualité, ne nous l'enlève pas avant la mort ! « A chaque jour suffit sa peine » (*Matt.*, VI, 34) et ce jour-là, tout baigné d'amertume, apportera assez de souffrance à ceux qu'il trouvera[144] : « Qu'est-il nécessaire, dit Sénèque, de provoquer les malheurs, et de perdre la vie dès avant la mort ? » (*Ep.*, XXIV, 1).

Tu demandes, mon unique, que, quelles que soient les circonstances où tu finirais ta vie loin de nous, nous fassions apporter ton corps dans notre cimetière : tu recueillerais plus abondamment le fruit de nos prières, puisque sans cesse nous pourrions ainsi nous souvenir de toi. Mais, d'une part, comment peux-tu suspecter que ton souvenir s'effacerait en nous parce que tu ne serais pas sous nos yeux ? D'autre part, même si tu es enterré ici, quel moment nous serait propice à la prière, alors que notre extrême désarroi ne nous permettra pas la quiétude nécessaire, que notre âme aura perdu la raison, notre langue, l'usage de la parole ? Et notre esprit devenu fou sera irrité contre Dieu, si j'ose dire, et non apaisé par Lui, et de son côté il L'irritera par ses plaintes plus qu'il ne L'apaisera par ses prières ! Il restera seulement aux malheureuses le loisir de pleurer, et non de prier, et nous devrons nous hâter de te suivre plus que de t'ensevelir, comme nous devons être ensevelies avec toi plutôt que pouvoir t'ensevelir. Ayant en toi perdu notre vie, vivre, après ton départ, nous ne le pourrions jamais. Puissions-nous ne pas vivre jusque-là ! Déjà parler de ta mort est une sorte de mort pour nous, mais la réalité de cette mort, que sera-t-elle, si elle nous trouve vivantes ? Que Dieu ne permette jamais que nous te survivions pour remplir ce devoir, pour te secourir de cette aide, alors que nous l'attendons de toi : nous désirons te précéder dans la mort, non t'y précéder.

Ainsi, je t'en prie, épargne-nous, épargne du moins, mon unique, celle qui est à toi en t'abstenant de ces propos qui transpercent nos âmes comme les glaives de la mort, rendant le temps qui précède la mort plus pénible que la mort elle-même. Brisée par le chagrin, l'âme ne peut être tranquille et l'esprit empli de soucis ne peut se consacrer purement à Dieu. N'entrave pas le service divin auquel tu nous as tout particulièrement destinées. Si un événement est inévitable et doit entraîner avec soi beaucoup de douleurs, il faut espérer qu'il survienne brutalement, afin que l'on ne soit pas torturé longtemps auparavant par une peur d'autant plus vaine qu'on ne peut envisager aucun recours. Le poète en est persuadé qui prie Dieu ainsi :

> Tout ce que tu prépares, fais-le surgir à l'improviste, laisse l'esprit humain s'aveugler sur ses destinées, permets d'espérer à qui vit dans la crainte.
>
> Lucain, *Pharsale*, II, 14-15.

Car que me reste-t-il à espérer si je te perds ? Quelle raison de poursuivre ce voyage sur terre où je n'ai aucun secours sauf toi, et où tu ne m'aides que par le seul fait d'être vivant ? En effet, tous les autres plaisirs qui pourraient me venir de toi me sont interdits, et il ne m'est même pas accordé de jouir de ta présence afin de pouvoir de temps en temps être rendue à moi-même. S'il était permis de le dire, que Dieu est cruel pour moi en toutes choses ! Que sa clémence est impitoyable ! Que la Fortune me porte de malchance ! Elle a épuisé contre moi tous ses traits au point qu'elle n'en a plus pour sévir contre d'autres [145]. Elle a vidé contre moi tout son carquois, et les autres n'ont plus à craindre son attaque ! Et s'il lui restait une flèche, c'est en moi qu'elle aurait trouvé une place pour me blesser encore ! Au milieu de toutes ces plaies qu'elle m'inflige, elle n'a qu'une crainte : que ma mort ne mette un terme à mes supplices, car la Fortune ne cesse pas de me porter des coups mortels, mais elle me refuse la mort que pourtant elle hâte.

Je suis la plus malheureuse des malheureuses, la plus infortunée des infortunées. Autant j'ai été élevé en toi au-dessus de toutes les femmes, obtenu le rang le plus sublime, autant, précipitée de ces hauteurs, j'ai dû supporter, en toi et en moi également, une chute douloureuse. Plus haute est l'ascension, plus dure est la chute quand on s'écroule. Quelle femme parmi les nobles ou les puissants la Fortune a jamais pu placer au-dessus de moi, ou même à ma hauteur ? Mais finalement, laquelle a-t-elle autant abaissée, et pu autant accabler de douleurs ? Quelle gloire m'a-t-elle donnée en toi ! Mais quel désastre aussi ! Elle s'est montrée si excessive avec moi dans les deux sens, que ni dans le bonheur ni dans le malheur elle n'a gardé la mesure. Pour me rendre la plus malheureuse de tous, elle a fait auparavant de moi la plus heureuse de tous : ainsi je penserais à tout ce que j'avais perdu, et les plaintes dont je me consumerais seraient à la mesure des dommages qui m'accableraient. Je souffrirais des joies perdues, et ma douleur serait d'autant plus grande qu'elle aurait été précédée d'un plus grand amour des bonheurs possédés. L'immense tristesse des pleurs mettrait fin à l'immense joie des voluptés.

Et pour que de l'injustice surgisse une plus profonde indignation, tous les droits de l'équité étaient également pervertis contre nous. Quand nous jouissions des joies d'un amour inquiet, et — pour me servir d'un mot plus honteux mais plus expressif — que nous nous livrions à la fornication, la sévérité divine nous épargna. Mais lorsque nous avons remplacé nos comportements illicites par des actions louables, et recouvert la honte de nos fornications par le voile de l'honneur conjugal, la colère du Seigneur abattit violemment sa main sur nous[146]. Il n'accepta pas la couche immaculée, alors qu'auparavant il avait longtemps supporté sa souillure. La peine que tu as subie correspond à la vengeance envers des hommes surpris en adultère. Le châtiment que les autres méritent pour leur adultère toi tu l'as encouru pour t'être marié, et avoir ainsi donné des assurances sur ta volonté de réparer tous tes méfaits. Ce que les femmes adultères apportent à leurs complices, voilà ce que ta propre épouse t'a apporté : et ce n'est pas quand nous nous abandonnions à nos précédentes voluptés mais bien lorsque déjà séparés pour un moment nous vivions chastement, toi à la direction de ton école parisienne et moi sur ton ordre partageant la vie des religieuses à Argenteuil. Nous étions séparés l'un de l'autre afin que tu te consacres studieusement à l'enseignement et moi plus totalement à la prière et à la méditation du texte sacré, et la sainteté de nos vies égalait sa chasteté. C'est alors que seul tu as payé dans ton corps la faute que nous avions commise tous les deux également. Seul tu fus dans la peine, quand nous avions été deux dans la faute. Celui qui le devait le moins a dû tout supporter : car tu avais largement donné réparation en t'humiliant pour moi et en nous élevant moi et ma famille, et méritais d'autant moins une peine auprès de Dieu comme auprès de ces traîtres.

Que je suis malheureuse d'être née pour me voir la cause d'un si grand crime ! Les femmes sont vraiment le pire et le plus constant des fléaux pour les grands hommes ! C'est pourquoi les *Proverbes* mettent en garde contre elles :

> A présent, mon fils, écoute-moi, et prête attention aux paroles de ma bouche :
> que ton cœur ne dévie pas vers ses voies, ne t'égare pas sur ses pistes,
> car nombreux sont ceux qu'elle a frappés à mort,
> et les plus robustes furent tous ses victimes.
> Sa demeure est le chemin des Enfers, descendant vers le monde de la mort. (VII, 24-27)

Et l'*Ecclésiaste* :

> Je me suis appliqué à tout examiner dans mon cœur...
> Et j'ai trouvé la femme plus amère que la mort,
> car elle est un piège et son cœur un filet, ses bras des chaînes :
> qui plaît à Dieu lui échappe, mais le pécheur y est pris.
> (VII, 25-26)

La première femme séduisit aussitôt l'homme dans le

paradis : créée par le Seigneur comme sa compagne, elle devint sa perte la plus sûre (*Gen.*, III, 6). Le Nazaréen le plus fort, Samson, cet homme de Dieu dont l'ange annonça la conception, fut dominé par une seule personne, Dalila : elle le livra à ses ennemis qui l'aveuglèrent, et la douleur le poussa à se faire écraser par les ruines du temple en même temps que ses ennemis [147]. L'homme le plus sage, Salomon, une seule personne put le rendre déraisonnable : la femme à qui il s'était uni. Il était l'élu de Dieu pour édifier Son temple, alors que son père David, qui avait été un juste, en avait été écarté. Pourtant elle l'entraîna à une telle folie qu'il se livra à l'idolâtrie jusqu'à la fin de sa vie. Lui qui avait prêché et enseigné le culte divin par sa parole et ses écrits, il abandonna tout (III *Rois* XI). Job, cet homme si saint, dut soutenir contre sa femme qui l'excitait à maudire Dieu un dernier combat très pénible (II, 9). Et le très rusé Tentateur le sait très bien et l'a souvent expérimenté : ce sont les épouses qui perdent le plus facilement les hommes. Etendant jusqu'à nous son habituelle malice, il a donc tenté dans le mariage celui qu'il n'a pu confondre dans la fornication, et il se servit d'un bien pour le mal, quand il n'avait pas eu le droit d'utiliser le mal pour le mal.

Du moins je rends grâce à Dieu que le démon ne m'ait pas entraîné de mon plein gré à la faute, comme ces femmes que j'ai citées, même si de fait il m'a utilisée pour accomplir le mal. Mais si mon ignorance me laisse la pureté du cœur et que je n'ai pas adhéré à ce crime, j'ai cependant commis auparavant beaucoup d'actions coupables qui ne me permettent pas d'être indemne de toute responsabilité dans sa réalisation. Car auparavant j'ai été longtemps esclave des voluptés et des séductions de la chair : j'ai donc alors mérité ce dont je me plains maintenant ; les événements qui ont suivi sont le châtiment justifié des précédents péchés ; la fin malheureuse doit être imputée aux débuts pécheurs.

Je voudrais faire une digne pénitence de ma faute afin de compenser en quelque sorte par la longueur de ma contrition et de ma pénitence la souffrance de ta blessure. Ce que tu as souffert un instant dans ton corps, que je le supporte toute ma vie, comme il est juste, par le remords de mon esprit, et que je puisse du moins te payer ma dette, si je ne le peux à Dieu. Car s'il faut reconnaître la faiblesse de mon pauvre cœur, je ne trouve pas un repentir qui me vaudra d'apaiser Dieu. D'ailleurs je L'accuse toujours d'extrême cruauté pour cette injustice, je reste hostile à Son action, et je L'offense par mon indignation plus que je ne L'apaise en Lui donnant satisfaction par mon repentir.

Comment peut-on en effet parler de pénitence pour les péchés, quel que soit le traitement infligé au corps, si l'esprit garde encore la volonté de pécher et brûle de ses anciens désirs ? Il est facile de reconnaître ses fautes et de s'accuser soi-même, ou de s'infliger un châtiment corporel qui reste extérieur. Il est bien plus difficile de détourner son cœur du désir des plus grandes voluptés. Job, dans sa piété, a pu dire à bon droit : « Je veux donner libre cours contre moi à mes plaintes » (X, 1), c'est-à-dire je laisserai toute liberté à ma langue et j'ouvrirai la bouche pour me confesser et m'accuser de mes péchés. Mais il ajoute : « j'épancherai l'amertume de mon âme » (X, 1). Saint Grégoire explique cette addition :

> Beaucoup avouent leurs fautes en parlant claire-
> ment, mais ils ne savent gémir en confession, et
> énoncent en riant ce dont ils devraient pleurer. Aussi...
> celui qui dit détester ses fautes il lui reste à les énoncer
> dans l'amertume de son âme pour que cette amertume
> soit la punition de ce que la langue accuse selon le
> jugement de l'esprit [148].

Que cette amertume de la vraie pénitence soit rare, saint Ambroise l'atteste :

> J'ai trouvé plus facilement des personnes qui ont
> sauvegardé leur innocence que des personnes qui ont
> fait pénitence [149].

D'autant que ces voluptés chères aux amants que nous avons goûtées ensemble me furent douces et que je ne peux ni les détester, ni les chasser de ma mémoire. Où que je me tourne, elles s'imposent à mes yeux avec les désirs qui les accompagnent. Même quand je dors elles ne m'épargnent pas leurs illusions. En pleine solennité de la messe, lorsque la prière doit être plus pure, les représentations obscènes de ces voluptés captivent totalement mon âme si bien que je m'abandonne plus à ces turpitudes qu'à la prière. Alors que je devrais gémir des fautes commises, je soupire plutôt après les plaisirs perdus. Non seulement les actes réalisés, mais aussi les lieux et les moments où je les ai vécus avec toi sont à ce point fixés dans mon esprit que je refais tout avec toi dans les mêmes circonstances, et même dans mon sommeil ils ne me laissent pas en paix. Souvent les pensées de mon cœur peuvent être comprises aux mouvements de mon corps, des mots m'échappent malgré moi [150].

Je suis vraiment misérable, digne seulement de cette plainte d'une âme gémissante : « Malheureux que je suis ! Qui me délivrera de ce corps de mort ? » (*Rom.*, VII, 24) ; et j'aimerais pouvoir y ajouter la réponse qui suit : « La grâce de Dieu, par Notre-Seigneur Jésus-Christ » (*Rom.*, VII, 25).

Mon bien-aimé, cette grâce est venue au-devant de toi : en te soignant par une unique plaie du corps de tous ces aiguillons, elle te guérit de multiples plaies de l'âme. Dans cet événement, on a cru que Dieu était ton pire ennemi alors qu'il se montra très attentionné, à la manière d'un médecin de toute confiance qui n'épargne pas la douleur pour veiller à la santé. Mais ces aiguillons de la chair, ces embrasements de la luxure, l'ardeur juvénile de mon âge et l'expérience des plus agréables voluptés les accroissaient beaucoup, leur assaut était d'autant plus fort qu'ils me trouvaient plus faible. Ils me disent chaste ceux qui n'ont pas compris mon hypocrisie. On attribue à la vertu la pureté de la chair : comme la vertu ne vient pas du corps mais de l'âme, je reçois les louanges des hommes mais je ne mérite rien de Dieu, Lui qui éprouve le cœur et les reins (*Ps.*, VII, 10) et voit ce qui est caché. On me juge pieuse dans une époque où l'hypocrisie n'a pas peu de part dans la piété, où les plus grandes louanges élèvent celui qui n'offense pas le jugement humain. Ce qui paraît en quelque sorte louable, et que Dieu peut accepter, c'est peut-être de ne pas avoir un comportement extérieur qui scandaliserait l'Eglise, quel que soit son réel état d'esprit, afin que le nom du Seigneur ne soit pas objet de blasphème chez les incroyants, ni la vie religieuse dont on a fait profession déshonorée auprès des débauchés. Et ce serait un don de la grâce divine qui entraînerait non seulement à faire le bien, mais aussi, en plus, à s'abstenir du mal. Car c'est en vain que la première action a lieu si la deuxième ne suit pas, comme il est écrit : « Détourne-toi du mal et fais le bien » (*Ps.*, XXXIII, 15 et XXXVI, 27). Et même, il remplit en vain les deux conditions celui qui n'agit pas par amour de Dieu.

Or, dans toute ma vie, Dieu le sait, c'est toi plus que Dieu que je crains d'offenser, à toi plus qu'à Lui que je désire plaire. C'est ton ordre qui m'a entraînée à prendre l'habit religieux, et non l'amour de Dieu. Vois quelle vie malheureuse et plus misérable que tout je mènerai si j'ai affronté cela en vain, alors que je n'ai rien à attendre comme récompense après ma mort. Longtemps ma dissimulation t'a trompé, comme beaucoup d'autres, et tu as pris mon hypocrisie pour de la piété : tu t'es trop fié à mes prières et tu me demandes ce qu'en fait j'attends de toi. Je t'en prie, ne crois pas tant présumer de moi afin de ne pas cesser de me soutenir par tes prières ! Ne me juge pas en bonne santé, pour ne pas m'ôter le bienfait de médicaments ! Ne crois pas que je ne suis pas dans le manque, pour ne pas retarder les secours nécessaires ! N'imagine pas ma force, pour ne pas négliger de me soutenir, chancelante avant de tomber ! Les louanges inadéquates ont nui à beaucoup et leur ont ôté l'aide dont ils avaient besoin. Par la bouche d'Isaïe, le Seigneur s'écrie : « O mon peuple, ceux qui te dirigent t'égarent et ruinent la route que tu suis » (*Is.*, III, 12) et par celle d'Ezéchiel : « Malheur à celles qui cousent des rubans sur tous les poignets, qui fabriquent des voiles pour des gens de toutes tailles, afin de prendre au piège les âmes ! » (*Ez.*, XIII, 18). Et au contraire Salomon dit : « Les paroles des sages sont comme des aiguillons et comme des piquets plantés » (*Ecclésiaste*, XII, 11), c'est-à-dire qu'ils ne savent pas calmer les plaies, mais les piquer.

Cesse de me louer, je t'en prie, pour ne pas encourir le reproche honteux de flatteur et l'accusation de mensonge. Si tu devines une qualité en moi, que le vent de la vanité n'emporte pas ta louange. Aucun médecin avisé ne tranchera, à propos d'une maladie interne, seulement par l'inspection de l'apparence extérieure [151]. Tout ce qui est commun aux élus et aux réprouvés ne peut avoir de mérite auprès de Dieu : or les comportements extérieurs sont communs, et, en plus, aucun saint ne les maîtrise avec autant d'habileté que les hypocrites : « Le cœur est compliqué plus que tout, et pervers ! Qui peut le pénétrer ? » (*Jér.*, XVII, 9), et : « Il y a des routes humaines qui paraissent droites, mais les dernières les mènent à la mort » (*Prov.*, XVI, 25 ; XIV, 12).

Téméraire est le jugement humain qui porte sur ce que Dieu seul peut examiner. Il est écrit : « Ne loue pas l'homme pendant qu'il vit [152] » pour qu'on ne loue pas quelqu'un au risque de le rendre, ce faisant, indigne de louanges. Tes louanges sont un danger d'autant plus grand pour moi qu'elles me sont agréables, elles me séduisent et me réjouissent d'autant plus que je désire te plaire par tous les moyens. Je t'en prie, aie plus peur de moi que confiance en moi, pour que ta sollicitude me soit constamment une aide. Il faut que tu aies peur plus que jamais, maintenant que mon incapacité à me dominer ne trouve plus de remède en toi.

Je ne veux pas que tu dises en m'exhortant à la vertu et en me poussant à la lutte « La vertu se déploie dans la faiblesse » (II *Cor.*, XII, 9), et « Ne sera couronné que celui qui aura lutté loyalement » (II *Tim.*, II,

5). Je ne cherche pas la couronne de la victoire ; il me suffit d'éviter le danger. Il est plus sûr d'éviter le danger que de se lancer dans la guerre. Quel que soit le coin de paradis que Dieu m'attribuera, il me suffira ; là-bas, personne ne jalousera un autre, car chacun sera comblé de ce qu'il aura.

Et pour ajouter à mon opinion quelque force, écoutons une autorité, saint Jérôme :

> Je confesse ma faiblesse ; je ne veux pas combattre dans l'espoir de la victoire, pour ne pas risquer de perdre la victoire... Quel besoin de se détourner de ce qui est sûr et de suivre ce qui est incertain[153] ?

LETTRE V

Seconde réponse d'Abélard à Héloïse.

A l'épouse du Christ, Son serviteur.

Dans ta dernière lettre, tu m'as exprimé avec émotion ton mécontentement. Il portait sur quatre points, je pense. En premier, tu te plains de ce que, contrairement à l'usage de la correspondance, et même contre l'ordre naturel des choses, je t'ai placée avant moi dans l'en-tête de ma lettre. En second, alors que j'aurais dû vous apporter le remède de mon réconfort, j'ai augmenté votre tristesse, provoqué les larmes que j'aurais dû apaiser, en ajoutant à ma demande : « Et s'il advenait que le Seigneur me livre aux mains de mes ennemis, qu'ils se révèlent plus forts que moi et me tuent », etc. En troisième, tu as répété ta vieille plainte contre Dieu à qui tu reproches sans cesse la façon dont s'est passée notre entrée en religion et la cruauté de la trahison dont j'ai été l'objet. Enfin tu t'es dénigrée, en opposition aux louanges que je t'adressais, et tu as beaucoup insisté pour que je ne présume plus de toi désormais.

J'ai décidé de répondre à chacun de ces points, non tant pour me défendre que pour te former et t'encourager. Tu t'accorderas mieux à mes demandes quand tu auras mieux compris leurs raisons, et tu m'écouteras davantage quand tu trouveras moins à me reprocher; tu oseras moins dédaigner mes remarques en voyant moins de raisons de les critiquer.

Premier point.

D'après toi, dans mes salutations, l'ordre est inversé. En réalité, il est conforme à ta pensée. Réfléchis bien ! L'évidence pour tout le monde, comme tu me l'as d'ailleurs indiqué, est de placer en premier le nom des supérieurs quand on leur écrit. Mais justement tu es devenue ma supérieure, comprends-le, lorsque, devenue l'épouse du Christ, tu t'es mise à être ma Dame. Rappelle-toi la lettre de saint Jérôme à Eustochie : « L'expression "Eustochie, ma dame" vient de ce que je dois appeler ma Dame l'épouse de mon Seigneur [154]. »

Heureux changement de lien conjugal, quand, mariée d'abord à un misérable petit homme, tu te retrouves élevée à la couche du Roi suprême ! Ce privilège et cet honneur t'ont placée non seulement au-dessus de ton premier mari mais au-dessus de tous les serviteurs de ce roi. Ne t'étonne donc pas si, vivant ou mort, je me recommande avant tout à tes prières, car il est notoire que l'intercession des épouses a plus de pouvoir auprès de leurs maris que celle des autres membres de la famille, que les dames ont plus de poids que les serviteurs.

Le modèle de ces dames est donné par la présentation de la reine, épouse du souverain roi, dont parle le Psalmiste : « La reine est assise à Ta droite... » (XLV, 10). Ou plus explicitement : elle est aux côtés de son époux, dans une familière intimité, marche avec lui, tous les autres suivant de loin, à bonne distance [155]. La grandeur de ce privilège est évoquée par l'épouse éthiopienne du *Cantique des Cantiques*, la femme que Moïse a conduite au mariage, si l'on peut faire ce rapprochement (*Nb.*, XII, 1), quand elle exulte de joie :

> Je suis noire, et pourtant belle, filles de Jérusalem (I, 5).
> C'est pourquoi le roi m'a aimée et introduite dans sa chambre (I, 4).
> Ne prenez pas garde à mon teint basané,
> C'est le soleil qui m'a brûlée (I, 6).

Ces paroles sont généralement considérées comme

évoquant l'âme en contemplation, celle que l'on appelle tout spécialement l'épouse du Christ. Mais elles vous conviennent plus nettement encore, l'aspect de votre habit en témoigne. Car la façon de vos vêtements, noirs et grossiers, ressemble aux habits des saintes veuves pleurant des époux aimés, et montre, selon l'Apôtre, que vous êtes vraiment, dans ce monde, des veuves désolées que l'Eglise doit soutenir de ses biens (I *Tim.*, V, 3, 16). L'Ecriture évoque d'ailleurs les lamentations de ces veuves sur leur Epoux tué : « Des femmes assises auprès du tombeau se lamentaient, pleurant le Seigneur [156]. »

L'Ethiopienne est noire d'aspect, et paraît, au dehors, plus laide que les autres femmes. Mais intérieurement elle n'est pas différente, et même, sur plusieurs points, elle est plus jolie et plus éblouissante, ainsi pour les os et les dents [157]. La blancheur de ses dents est louée par l'époux lui-même : « Ses dents sont plus blanches que le lait » (*Gen.*, XLIX, 12 [158]).

Aussi est-elle noire extérieurement et belle intérieurement : agressée physiquement par les fréquentes tribulations de l'adversité, elle noircit extérieurement dans sa chair, pour ainsi dire, conformément à la parole de l'Apôtre : « Tous ceux qui vivent pieusement dans le Christ seront persécutés » (II *Tim.*, III, 12).

De même que le blanc désigne ce qui est favorable, le noir désigne bien l'adversité [159]. Elle est blanche à l'intérieur, par ses os, parce que son âme rayonne en vertus, comme il est écrit : « Toute la gloire de la fille du roi lui vient de l'intérieur » (*Ps.*, XLV, 14). Les os, à l'intérieur, entourés de la chair extérieure, sont la résistance et la force de cette chair qu'ils portent et soutiennent : ils signifient l'âme, qui vivifie la chair à l'intérieur de laquelle elle se trouve, la sustente, la meut, la dirige et lui transmet toute sa force. Sa blancheur et sa beauté, ce sont les vertus qui l'ornent. Elle est noire à l'extérieur parce que pendant son exil sur cette terre de passage elle se trouve dans l'avilissement et l'abjection. Mais elle sera élevée à cette vie cachée avec le Christ en Dieu, dans la patrie qu'elle s'est choisie. Le vrai soleil l'a brûlée, car l'amour du céleste époux l'a humiliée ainsi et l'a torturée dans les tribulations de peur que la réussite la rende orgueilleuse : il l'a brûlée — c'est-à-dire l'a rendue différente de toutes les autres qui, elles, convoitent les biens terrestres et cherchent la gloire du monde. Ainsi elle est devenue un vrai lis de vallée (*Cantique*, II, 1) par son humilité, non pas un lis des montagnes, comme les vierges folles (*Mtt.*, XXV, 1-13) qui s'enorgueillissent de la pureté de leur chair ou de leur abstinence extérieure, mais se dessèchent dans le feu des tentations.

Elle s'adresse aux « filles de Jérusalem », c'est-à-dire aux fidèles plus imparfaits, ceux qui méritent le nom de « filles » plutôt que celui de « fils ». Elle leur dit avec raison : « Ne prenez pas garde à mon teint, etc. », ou, pour parler plus clairement : « que je m'humilie ainsi et soutienne les adversités avec autant de force ne vient pas de ma propre vertu, mais de la grâce de Celui que je sers ». Les hérétiques et les hypocrites agissent différemment : en s'humiliant sévèrement dans leurs comportements publics, avec l'espoir d'une gloire terrestre, ils supportent inutilement de nombreux maux. Ils endurent des souffrances et des tribulations étonnantes : mais ils sont les plus malheureux des hommes, puisqu'ils ne jouiront d'aucun bonheur, ni dans cette vie ni dans l'autre. L'épouse le comprend et s'écrie : « Ne vous étonnez pas de mes raisons d'agir ainsi ! », car l'étonnant c'est de se priver inutilement des commodités terrestres tout en brûlant du désir de louange terrestre ! C'est ainsi que l'on est malheureux dans ce monde et dans l'autre ! Telle est la continence des vierges folles (*Mtt.*, XXV), celles qui sont repoussées hors des portes closes (*Luc*, XIII, 25).

L'épouse affirme à bon droit qu'elle a été aimée parce qu'elle est noire et belle, et qu'on l'a introduite dans la chambre du roi — c'est-à-dire dans le secret et la paix de la contemplation — et dans son lit, dont elle dit ailleurs : « Dans mon lit, toute la nuit, j'ai cherché celui que mon cœur aime » (*Cantique*, III, 1). Car la laideur de sa noirceur aime mieux être cachée qu'exhibée, préfère le secret à la publicité. Une telle épouse préfère vivre avec son mari des joies intimes que publiques, elle veut éprouver des émotions dans le secret du lit plutôt qu'être vue dans les festins. Et souvent il arrive que la chair des femmes noires, plus laide à regarder, soit plus douce au toucher. C'est pourquoi la volupté qu'elles offrent est plus précieuse, plus en harmonie avec les joies secrètes qu'avec des joies publiques. Leurs époux ont plus de plaisir à les amener dans leurs chambres qu'à les produire sur la place publique.

D'après cette métaphore, l'épouse spirituelle qui dit : « je suis noire mais belle » ajoute aussitôt : « c'est pourquoi le roi m'aime et m'introduit dans sa chambre ». Soit, en rapprochant les termes un à un : parce qu'elle est belle, il l'aime ; parce qu'elle est noire, il l'amène dans sa chambre. Belle, comme je l'ai dit, par ses vertus intérieures qu'aime l'époux, noire à l'extérieur à cause de l'agression des tourments physiques.

Cette noirceur, celle des tribulations du corps, détourne facilement les esprits religieux de l'amour des biens terrestres, et attache leurs désirs à la vie éternelle. Elle les entraîne souvent de la tumultueuse vie du siècle au secret de la contemplation, comme cela s'est passé pour Paul, le premier à mener notre vie, celle des moines, comme l'écrit saint Jérôme[160]. Car l'humilité de nos vêtements grossiers pousse à une vie cachée plutôt que publique. Elle doit être la garde essentielle de la pauvreté et de l'isolement de nos séjours : c'est cela qui convient le mieux à notre profession religieuse. En effet de précieux ornements entraînent à se montrer en public, uniquement pour la vaine gloire et la pompe du siècle. Saint Grégoire nous le dit : personne ne se pare en cachette, mais chacun cherche où il sera admiré[161].

Cette chambre dont parle l'épouse est celle où l'époux lui-même, dans l'évangile, appelle celui qui prie : « Mais toi, quand tu prieras, entre dans ta chambre, ferme ta porte, et implore ton Père » (*Mtt.*, VI, 6). Comme s'il disait : pas sur les places ou dans les lieux publics, comme les hypocrites! Il appelle chambre un lieu coupé du tumulte et du spectacle du monde, où l'on peut prier avec plus de tranquillité et de pureté. Tels sont les emplacements retirés et isolés des monastères, où on nous demande de fermer la porte : c'est-à-dire de défendre l'entrée à tous, afin que rien n'empêche la pureté de l'oraison et que notre œil ne puisse corrompre notre malheureuse âme.

Il m'est extrêmement pénible de voir beaucoup de ceux qui portent le même habit que moi mépriser ces conseils, ces préceptes divins même : ils célèbrent l'office religieux cloîtres et chœurs ouverts, s'offrant publiquement sans vergogne au regard des femmes comme des hommes, surtout lorsque, dans les fêtes solennelles, ils resplendissent de leurs ornements précieux, exactement comme les gens du monde auxquels ils se montrent. Ils jugent d'ailleurs une festivité d'autant plus réussie qu'elle est plus riche en apparats et abondante en offrandes. Leur malheureux aveuglement est profondément contraire à la religion du Christ des pauvres, mais il serait trop honteux d'en parler : il vaut mieux se taire. Ils agissent comme les juifs, et se donnent leur coutume comme règle, négligent le commandement de Dieu au nom de leurs traditions, se préoccupent non de ce que l'on doit mais de ce que l'on a l'habitude d'accomplir. Pourtant, saint Augustin le rappelle, le Seigneur a dit : « *Je suis la Vérité* (*Jean*, XIV, 6) et non : je suis la coutume[162] ! »

Se recommande qui veut à leurs prières faites porte ouverte. Mais vous, introduites dans la chambre du roi du ciel par le roi lui-même, reposant dans Ses bras, consacrez-vous toutes à Lui votre porte toujours fermée : si vous êtes ainsi unies à Lui par une plus grande intimité — d'après l'Apôtre : « Celui qui s'unit au Seigneur est avec Lui un seul esprit » (I *Cor.*, VI, 17) — votre prière sera plus pure et plus efficace, j'en suis convaincu. Voilà pourquoi je mets tant d'énergie à réclamer votre aide. En outre, je crois que tu dois prier pour moi avec d'autant plus de zèle que nous sommes liés l'un à l'autre par une très grande affection.

Second point.

Que je vous aie bouleversées en parlant du péril où je souffre et de la mort que je crains, cela s'est fait sur ta demande, très pressante d'ailleurs. Car la première lettre que tu m'as adressée contient ce passage :

> C'est pourquoi nous te conjurons par le Christ qui pour sa gloire te protège toujours d'une certaine manière : daigne nous écrire fréquemment pour rassurer ses petites servantes et les tiennes sur les périls où tu flottes encore. Nous, les seules qui te restons fidèles, que du moins nous participions à tes souffrances et à tes joies. Normalement partager la douleur apporte une réelle consolation, et une charge est plus légère à soutenir ou à transporter quand on est à plusieurs.

Pourquoi donc me reproches-tu de vous faire partager mes angoisses, alors que tu m'y as poussé par tes objurgations ? Est-ce que, quand ma vie n'est qu'un désespoir qui me crucifie, il est convenable que vous soyez joyeuses ? Voudriez-vous ne pas être associées à la douleur mais seulement à la joie, ne pas pleurer avec ceux qui pleurent mais vous réjouir avec ceux qui se réjouissent (*Rom.*, XII, 15) ? Il n'y a pas de plus grande différence entre les vrais et les faux amis que de vous accompagner dans l'adversité et pas uniquement dans la prospérité.

Abandonne, je t'en prie, de tels propos, refrène les plaintes de cette sorte : elles sont à mille lieues de la vraie charité ! Mais si tu es troublée par mon récit, pense qu'au milieu de tels dangers, et désespérant chaque jour de la vie, il est naturel que je me préoccupe du salut de mon âme et que j'y pourvoie, tant que je le peux. Et toi, si tu m'aimes vraiment, ne trouve pas mauvaise cette préoccupation. Si tu espérais un peu dans la miséricorde divine à mon égard, tu désirerais que je sois affranchi le plus rapidement des épreuves de cette vie, en les voyant si intolérables ! Aie la conviction que celui qui me libérerait de cette vie me libérerait des pires souffrances : je ne connais pas celles que je vais endurer après ma mort, mais je n'ai aucun doute sur l'importance de celles dont mourir me libérera ! Quand la vie est malheureuse, sa fin est toujours agréable, et tous ceux qui compatissent véritablement aux tourments d'autrui, qui partagent ses peines, désirent la fin de ses malheurs : s'ils aiment vraiment ceux qu'ils voient éprouvés, ils aspirent à leur bien plus qu'au leur propre, même s'ils doivent en souffrir. Ainsi la mère dont le fils est malade depuis longtemps peut désirer voir finir, même par sa mort, ses souffrances qu'elle ne peut supporter, et préférer en être privée que d'avoir son malheur comme seul partage. On peut éprouver beaucoup de plaisir dans la présence de son ami, mais préférer cependant qu'il soit heureux, mais loin de nous, plutôt que malheureux et à nos côtés, car les maux que l'on ne peut soulager sont insupportables.

Mais toi, ma présence, même malheureuse, il ne t'est pas accordé d'en jouir ! Si tu ne peux attendre de moi rien de positif, pourquoi préfères-tu que je continue à vivre profondément malheureux plutôt que je meure parfaitement heureux ? Je ne le vois pas ! Si tu désires que mes malheurs soient prolongés pour ton profit, cela prouve que tu es mon ennemie plus que mon amie : mais si tu refuses de paraître telle, je t'en conjure, comme je te l'ai déjà dit, cesse de te plaindre !

Troisième point.

J'approuve que tu refuses mes louanges, parce qu'ainsi tu t'en montres vraiment digne ! Car il est écrit : « Le juste est le premier de ses accusateurs » (*Proverbes*, XVIII, 17), et : « Celui qui cherche à s'humilier sera élevé » (*Luc*, XVIII, 14).

Puisse le fond de ton cœur être semblable à ton écrit! Ainsi ton humilité serait véritable, et ne disparaîtrait pas parce que j'en parlerais. Mais veille, je t'en conjure, à ne pas rechercher la louange en semblant la fuir, et à ne pas refuser des lèvres ce que tu désires du fond du cœur! Saint Jérôme traite entre autres ce sujet dans une lettre à la vierge Eustochie :

> Notre nature nous mène au mal. Nous applaudissons à nos flatteurs. Nous répondons que nous ne sommes pas dignes, mais une trop habile rougeur se répand sur notre visage, et notre âme se réjouit intérieurement d'être louée[163].

Virgile décrit une telle ambiguïté chez la coquette Galatée qui, en fuyant, attirait ce qu'elle désirait, et, en simulant le refus, excitait davantage son amant envers elle : « Elle s'enfuit vers les saules, mais désire auparavant être vue » (*Eglogues*, 3, 65). Avant d'être cachée, elle désire, tout en fuyant, être vue ; sa fuite, par laquelle elle paraît repousser la compagnie du jeune homme, la provoque davantage.

Ainsi en paraissant fuir les louanges des hommes, nous les excitons davantage ; et en simulant vouloir être cachés afin que personne n'ait l'occasion de trouver en nous de quoi nous louer, nous entraînons encore plus ceux qui manquent de sagesse à nous louer, car notre discrétion nous en fait paraître plus dignes.

Tout ceci je le dis parce que ce sont des attitudes fréquentes, et non parce que je te suspecte d'agir pour ces motifs, car je suis sûr de ton humilité. Mais par ces paroles je veux te modérer afin qu'aux yeux de qui te connaîtrait moins tu ne paraisses pas, comme dit Jérôme, « rechercher la gloire en la fuyant[164] ». Jamais ma louange n'enflera ton orgueil, mais elle te poussera à être meilleure encore : voulant me plaire, tu développeras avec le plus grand zèle ce que j'aurai loué en toi. Ma louange ne veut pas être un constat de ta piété afin que tu en retires de l'orgueil : on ne doit pas plus ajouter foi aux louanges de ses amis qu'aux blâmes de ses ennemis.

Quatrième point.

Il reste enfin à en venir à ton ancienne et continuelle plainte, qui t'amène à oser accuser Dieu de notre changement de vie plutôt que de L'en glorifier, comme ce serait juste. J'avais cru que cette amertume de ton âme s'était dissipée depuis longtemps grâce au soutien que nous a apporté si manifestement la miséricorde divine. Elle est dangereuse pour toi, car elle tourmente ton corps comme ton âme ; elle fait ton malheur, et je la trouve choquante. Tu cherches à me plaire en tout, me dis-tu : au moins pour ne plus me tourmenter — et même pour me combler — abandonne cette amertume avec laquelle tu ne peux ni me plaire ni parvenir avec moi à la béatitude. Supporteras-tu que j'aille jusque-là sans toi, alors que tu affirmes vouloir me suivre même dans un volcan ? Aspire à plus de piété pour cette raison du moins : ne pas être séparée de moi qui m'efforce d'aller vers Dieu, tu le sais. Agis d'autant plus volontiers que le bonheur visé est très grand et que la saveur de nos retrouvailles en sera plus agréable. Souviens-toi de ce que tu as dit, rappelle-toi ce que tu as écrit : dans la façon dont nous avons été amenés à changer de vie, Dieu a paru mon grand adversaire, alors qu'Il m'a été manifestement très miséricordieux. Si malgré ta douleur tu es encore accessible à la raison, tu dois trouver positif qu'Il ait disposé ainsi de ma vie, pour ma plus grande sauvegarde et même aussi pour la tienne. Ne te désole pas d'être la cause d'un si grand bien, et ne doute pas que Dieu t'a créée spécialement dans ce but. Ne te plains pas de ce que j'ai souffert, sinon tu te désoleras aussi des souffrances des martyrs comme de la mort du Seigneur. Penses-tu que si mon malheur m'était arrivé en toute justice tu l'aurais supporté plus facilement et te serais moins révoltée ? Mais s'il en avait été ainsi, la situation aurait été pour moi plus ignominieuse, et pour mes ennemis plus flatteuse : d'avoir raison leur aurait apporté l'honneur, tandis que ma faute m'aurait gagné le mépris. De plus, personne ne se serait révolté contre l'agression, personne n'aurait eu de la compassion à mon égard.

Cependant, pour adoucir l'amertume de ta douleur, ie vais montrer que mon sort fut juste et bénéfique et que la vengeance de Dieu fut plus normale contre nous une fois mariés que contre de simples amants.

Après l'établissement de notre lien conjugal, tu vivais dans le cloître avec les moniales d'Argenteuil, et un jour je suis venu te rendre visite en secret. Tu te souviens de ce que l'intempérance de mon désir m'a alors poussé à faire avec toi, dans un coin du réfectoire, parce que nous n'avions pas d'autre lieu où aller. Tu sais que cela a été accompli avec la plus grande impudence dans ce local si saint, consacré à la Vierge Souveraine. Même si pour les autres fautes j'échappe au châtiment, pour celle-là je mérite la plus sévère des punitions. Et pourtant! Raconterais-je les premières débauches et les souillures les plus honteuses qui ont précédé notre mariage? Jusqu'à ma totale trahison lorsque je t'ai enlevée si ignominieusement à ton oncle dans la maison de qui je vivais à demeure avec toi! Qui jugerait que ce n'est pas à bon droit qu'il m'a trahi, lui que j'avais trahi auparavant impudemment? Penses-tu que pour racheter de si grands crimes la brève douleur de cette plaie soit suffisante — alors qu'on peut dire que j'ai retiré un bien grand profit de si grands maux causés! Quelle plaie, à ton avis, serait conforme à la justice de Dieu pour le si grand forfait, dont je viens de parler, contre le lieu très saint consacré à Sa mère? Assurément, à moins que je ne me trompe totalement, celle que j'ai eue, si salutaire, ne peut être considérée comme une expiation pour ce que j'ai commis. C'est ce que je supporte maintenant tous les jours, sans répit, qui est mon expiation.

Tu sais aussi que quand tu étais enceinte et que je t'ai fait passer dans ma patrie, je t'ai revêtue de l'habit sacré et déguisée en moniale, me moquant irrévérencieusement par un tel déguisement de la vie religieuse que tu mènes aujourd'hui. Comprends donc que la justice divine — ou plutôt Sa grâce — t'a entraînée malgré toi, mais à bon escient, vers cet état religieux dont tu n'as pas craint de te jouer : elle veut que tu expies en cet habit la faute commise sous ce même habit, et que la vérité de la situation actuelle remédie au mensonge de la dissimulation passée, amende la fausseté d'alors.

Si tu veux mettre en parallèle ce que j'ai retiré des événements et la justice de Dieu envers nous, tu ne pourras pas appeler ce qu'Il a alors réalisé en nous Sa justice mais Sa grâce. Examine donc, examine, ma bien-aimée, par quels filets de miséricorde le Seigneur nous a repêchés des profondeurs de cette mer si dangereuse, de quel gouffre, de quelle Charybde où nous avions fait naufrage Il nous a retirés malgré nous ! Vraiment l'un et l'autre nous pouvons à bon droit faire jaillir ce cri : « Le Seigneur s'est soucié de moi » (*Ps.*, XXXIX, 18).

Pense et repense aux périls dans lesquels nous nous étions installés, aux dangers dont le Seigneur nous a délivrés, et proclame toujours au milieu des plus ferventes actions de grâces les grands bienfaits accomplis par le Seigneur pour notre âme[165] : console par notre exemple ceux qui, hostiles, désespéraient de la bonté de Dieu, afin que tous comprennent ce que Dieu peut pour ceux qui prient et supplient puisqu'Il a comblé de tant de bienfaits, et malgré eux, de si grands pécheurs. Examine l'extrême sagesse de la charité divine à notre égard, et avec quelle miséricorde Dieu a changé une action en justice en une simple réprimande ; avec quelle sagesse Il s'est servi pour le bien de nos maux eux-mêmes, avec quelle douceur Il a mis à bas mon impiété, si bien que la plaie si méritée de cette seule partie de mon corps a guéri à la fois nos deux âmes. Compare le péril et la façon dont Il nous en a libérés. Compare la maladie et le traitement. Regarde nos actions et ce qu'elles méritaient : admire les effets de Sa miséricorde.

Tu sais à quelles turpitudes ma luxure sans limite avait conduit nos corps, au point qu'aucun respect de la décence ou de Dieu ne me retirait de ce bourbier, même dans les jours de la passion du Seigneur, ou d'une autre solennité [166]. Mais quand tu refusais, que tu me résistais dans la mesure de tes moyens, ou que tu cherchais à me dissuader, je profitais de ta faiblesse et je te contraignais souvent à consentir par des menaces et des coups [167]. Car je t'étais lié par une concupiscence si ardente que je faisais passer avant Dieu et avant moi-même mes misérables voluptés si obscènes, que j'ai même honte de nommer. La clémence divine semblait ne pouvoir m'aider qu'en m'interdisant ces voluptés sans me laisser le moindre espoir. Voilà pourquoi j'ai été diminué de cette partie de mon corps dominée par la luxure et seule cause de cette concupiscence, de la manière la plus juste et la plus clémente — même s'il y a eu trahison de ton oncle — et afin de croître au milieu de tous. Ainsi fut puni le membre qui avait provoqué tous mes agissements, et il expia dans les souffrances la faute commise dans les plaisirs. Je fus circoncis tant dans mon esprit que dans mon corps des débauches où je m'étais plongé tout entier comme dans de la fange. Je fus rendu d'autant plus digne de l'autel sacré que désormais plus aucune contagion des souillures charnelles ne pouvait m'en éloigner. La clémence divine voulut que je souffre dans ce membre seulement dont la privation servirait au salut de mon âme et n'atteindrait pas mon corps au point de m'interdire tout ministère. Et même elle me rendit plus prompt à me consacrer aux activités honnêtes dans la mesure où elle me libérait au maximum du joug si lourd de la concupiscence.

La grâce divine me purifia plus qu'elle me priva de ces membres si vils qu'on les appelle « parties honteuses » à cause de la grande honte liée à leur fonction, et qu'ils n'ont même pas de nom propre. En agissant ainsi, qu'a-t-elle fait d'autre que de m'écarter de ce qui est sordide et bas pour que je conserve l'éclat de la pureté ? Cette pureté, de nombreux sages y aspiraient avec la plus grande ardeur. Ils ont porté la main sur eux, comme nous l'avons appris, afin de rejeter totale-

ment au loin les tourments de la convoitise. C'est pour
obtenir la même disparition des aiguillons de la chair
que l'Apôtre, dit-on, a interpellé le Seigneur ; mais il
n'en a pas été écouté (II *Cor.*, XII, 8). Le grand philosophe chrétien Origène reste un exemple [168] : afin
d'éteindre définitivement cet incendie en lui, il n'a pas
craint de porter la main sur lui-même, comme s'il
avait interprété à la lettre le « heureux ceux qui se sont
châtrés pour le royaume des cieux » et qu'il croyait
qu'en agissant ainsi on accomplissait en vérité ce que
le Seigneur nous prescrit à propos de nos membres
qui sont l'occasion de scandales : les couper et les jeter
au loin (*Mtt.*, XVIII, 8). Il semble aussi interpréter
comme vérité historique et non allégorique la prophétie d'Isaïe par laquelle le Seigneur dit préférer les
eunuques à tous les autres fidèles :

> Aux eunuques qui observent mes sabbats, se
> décident pour ce qui me plaît [...] je donnerai, dans ma
> maison et dans mes murs, une stèle et un nom meilleur
> que des fils ou des filles, je leur donnerai un nom éter-
> nel qui ne sera jamais supprimé (*Is.*, LVI, 4-5).

Mais Origène commit une faute grave en cherchant
un remède à son péché par la mutilation de son corps :
il avait le zèle de Dieu mais de fausses idées [169], et il
encourut l'accusation d'homicide pour avoir porté la
main sur son propre corps. Entraîné par une sugges-
tion diabolique ou par une lourde erreur, il accomplit
de lui-même ce qui, par la grâce de Dieu, a été perpé-
tré en moi par autrui. Moi j'évite la faute, je ne
l'encours pas. Je mérite la mort, et je gagne la vie ; je
suis appelé et je résiste, je m'efforce de pécher et je suis
entraîné au pardon malgré moi. Alors que l'Apôtre
prie et n'est pas exaucé : il insiste, et n'obtient rien.
Vraiment « le Seigneur s'est occupé de moi » (*Ps.*,
XXXIX, 18) ; j'irai partout et je raconterai les mer-
veilles que le Seigneur a accomplies pour mon âme.

Viens toi aussi, mon inséparable compagne, parti-
cipe à mon action de grâces, toi qui eus part et à la
faute et à la grâce. Car le Seigneur n'a pas oublié ton
salut, Il s'est même particulièrement souvenu de toi,

Lui qui t'a spécialement désignée pour être sienne par le saint présage de ton nom, puisqu'Il t'a appelée Héloïse, c'est-à-dire « divine », à partir de Son propre nom, Eloïm. Il décida dans Sa clémence de nous sauver tous les deux dans un seul alors que le diable, lui, c'est nous détruire tous les deux en un qu'il voulait. Car peu avant cet accident, Dieu nous avait liés ensemble par la loi indissoluble du sacrement nuptial. Je t'aimais plus que de mesure et désirais t'attacher à moi éternellement[170], ou plutôt : Dieu avait calculé par ce moyen de nous attirer tous les deux à Lui. En effet, si tu ne m'avais pas été unie auparavant par le mariage, tu serais facilement demeurée dans le siècle quand moi je m'en retirais, poussée par tes parents ou par le goût des voluptés charnelles[171].

Vois donc comme le Seigneur s'est bien préoccupé de nous, comme s'Il nous réservait à de grands desseins et comme s'Il s'indignait et se désolait de nous avoir confié de tels trésors de connaissance et que nous ne les utilisions pas à l'honneur de Son nom. Ou comme s'Il craignait de Son humble serviteur si peu maître de lui ce qui est écrit : « les femmes font apostasier même les sages » (*Ecclésiastique*, XIX, 2), à l'exemple évident du plus grand des sages, Salomon[172]. Mais le trésor de ta prudence, quels intérêts ne rapporte-t-il pas au Seigneur chaque jour! combien de filles spirituelles n'as-tu pas déjà enfantées pour Lui, alors que, moi, je demeure parfaitement stérile et inutile au milieu de mes fils de perdition! Quel abominable dommage, quelle lamentable perte si tu te préoccupais des souillures des plaisirs charnels et enfantais pour le monde, dans la douleur, quelques enfants, toi qui enfantes aujourd'hui pour le ciel, et dans la joie, une bien plus nombreuse lignée! Tu ne serais pas plus qu'une femme, toi qui actuellement dépasses même des hommes et qui as retourné la malédiction d'Eve en la bénédiction de Marie. Qu'il serait indécent que tes mains consacrées qui aujourd'hui tournent les pages des livres saints soient occupées aux vulgaires besognes féminines! Dieu a daigné nous hisser hors des ordures de cette fange, des débauches de cette boue, et nous attirer à Lui avec cette force dont Il a frappé Paul pour le convertir[173]. Peut-être veut-il par notre exemple détourner de la même prétention d'autres penseurs ? Donc, ma sœur, je t'en prie, ne te révolte pas, ne sois pas courroucée contre ce père qui nous corrige paternellement, mais écoute ce qui est écrit : « Dieu châtie ceux qu'Il aime ; Il châtie tout fils qu'il adopte » (*Héb.*, XII, 6). Et ailleurs : « Qui use peu de la verge hait son enfant » (*Prov.*, XIII, 24).

Cette peine est momentanée, et non éternelle ; c'est une expiation, non une damnation. Ecoute le prophète et rassure-toi : « Le Seigneur ne jugera pas deux fois pour la même faute, et ne lui imposera pas double châtiment[174]. » Ecoute cette souveraine exhortation de Celui qui est la Vérité : « Vous sauverez vos vies par votre constance » (*Luc*, XXI, 19). Et chez Salomon :

> Mieux vaut un homme constant qu'un héros,
> Un homme maître de soi qu'un preneur de ville
> (*Prov.*, XLI, 32).

Par ailleurs, ne t'émeut-il pas aux larmes, ne provoque-t-il pas tes regrets, ce fils unique de Dieu, innocent qui, pour toi et pour tous les hommes, a été arrêté par les êtres les plus impies, déchiré, flagellé, tourné en dérision, tête recouverte, frappé de coups de poing, arrosé de crachats, couronné d'épines, et enfin suspendu au milieu de larrons sur l'ignominieux gibet de la croix, mis à mort de cette horrible et exécrable manière ? Ma sœur, aie toujours devant les yeux Celui qui est ton vrai époux et Celui de toute l'Eglise, pense toujours à Lui. Regarde-Le marchant vers la crucifixion pour toi et portant Sa propre croix. Sois du peuple et des femmes qui se frappaient la poitrine et se lamentaient sur Lui, comme Luc le dit en ces termes :

> Le peuple, en grande foule, Le suivait ainsi que des femmes qui se frappaient la poitrine et se lamentaient sur Lui (XXIII, 27).

C'est vers elles qu'Il se retourna avec bonté, et Il leur

prédit ce qui allait venir en vengeance de Sa mort et dont elles pourraient se garder, si elles en avaient la sagesse :

> Filles de Jérusalem, ne pleurez pas sur moi! Pleurez plutôt sur vous-mêmes et sur vos enfants! Car voici venir des jours où l'on dira : heureuses les stériles, heureuses les entrailles qui n'ont pas enfanté et les seins qui n'ont pas nourri! Alors on se mettra à *dire aux montagnes : Tombez sur nous! et aux collines : Couvrez-nous (Os.,* 10, 8)! Car si l'on traite ainsi le bois vert, qu'adviendra-t-il du bois sec? (*Luc*, XXIII, 28).

Sois compatissante envers Celui qui a de Lui-même souffert pour ton rachat, sois pleine de remords à l'adresse de Celui qui a été crucifié pour toi. Par l'esprit, sois toujours présente à Son sépulcre, lamente-toi et pleure avec les femmes fidèles, celles dont il est écrit : « Des femmes assises auprès du tombeau se lamentaient et pleuraient le Seigneur[175]. » Prépare avec elles des onguents pour Sa sépulture, mais de meilleurs, des onguents spirituels et non matériels : car Lui qui n'a pas eu besoin des onguents matériels, ce sont les autres qu'Il désire aujourd'hui. Laisse-toi émouvoir, avec toute la passion d'un attachement sans réserve. C'est d'ailleurs à une telle compassion qu'Il exhorte les fidèles, par la bouche de Jérémie : « Oh vous tous qui passez par cette route, regardez, et voyez s'il est une douleur semblable à ma douleur » (*Lam.*, I, 12). Soit : faut-il se lamenter par compassion sur ceux qui souffrent, alors que Moi, le seul sans péché, je dois payer le prix des fautes des autres[176]?

Dieu est la voie par laquelle les fidèles passent de l'exil terrestre à leur patrie du ciel; Celui qui a, dans ce but, dressé comme une échelle la croix d'où Il pousse ce cri. Le fils unique de Dieu a été tué pour toi : Il a été sacrifié (*Is.*, LIII, 7), et Il a voulu ce sacrifice. Afflige-toi avec compassion sur Lui seul, sur Lui seul compatis en t'affligeant, et accomplis ce qui est annoncé des âmes dévotes par le prophète Zacharie : « Ils feront sur lui la lamentation comme on la fait pour un fils unique, et ils le pleureront comme on

pleure un premier-né » (*Zac.*, XII, 10). Vois, ma sœur,
la plainte de ceux qui aiment le roi à la mort de son fils
premier-né, de son fils unique. Regarde quelle plainte
abat la famille, quelle tristesse, toute la cour, et quand
tu seras parvenue auprès de l'épouse du fils unique
mort, tu ne supporteras pas ses intolérables ululements. Que ta plainte soit semblable ; que ton cri soit
identique, toi qui es unie par un heureux mariage à cet
époux. Il t'a achetée non avec Ses biens mais avec
Lui-même. C'est avec Son propre sang qu'Il t'a achetée et rachetée. Vois quel grand droit Il a sur toi,
regarde comme tu Lui es précieuse ! L'Apôtre était
conscient de son prix et comprenait que sa valeur
venait de ce qui avait été donné en échange ; il avait
donc une infinie reconnaissance envers cette grâce de
Dieu : « Que l'on ne me glorifie pas si ce n'est par la
croix de Notre-Seigneur Jésus-Christ par qui le
monde a été crucifié pour moi et moi pour le monde »
(*Gal.*, VI, 14).

Tu es plus grande que le ciel, plus grande que le
monde, toi dont le Créateur du monde s'est fait Luimême la rançon. Je te le demande, qu'a-t-Il vu en toi
Celui qui ne manque de rien pour vouloir t'acquérir
en Se battant jusqu'à l'agonie d'une mort si horrible et
ignominieuse ? Que cherchait-Il en toi, sinon toimême ? Il est un véritable ami Celui qui te désire toimême et non tes biens. Il est un véritable ami Celui
qui allant mourir pour toi disait : « Personne n'a de
plus grand amour que celui qui donne sa vie pour
ceux qu'il aime » (*Jean*, XV, 3).

Lui t'aimait en vérité, pas moi. Mon amour, qui
nous enveloppait tous les deux de péchés, doit être
appelé concupiscence et non amour. J'accomplissais
en toi mes misérables voluptés, et c'était là tout ce que
j'aimais. Tu dis que j'ai souffert pour toi — et c'est
peut-être vrai — mais c'est plutôt par toi, et malgré
moi : non par amour de toi, mais par contrainte ; pas
pour ton salut, mais par ta souffrance. Mais Lui a
souffert pour ton salut, de Son plein gré, qui a guéri
toute souffrance par Sa passion, a rejeté toute souf-

france. C'est en cela et non en moi, je t'en prie, que tu dois mettre toute ta dévotion, toute ta compassion, toute ta componction. Pleure l'iniquité de la barbarie exercée contre un innocent, non la juste vengeance de la justice envers moi — cette grâce, comme je l'ai dit, si grande envers nous deux. Car tu manques de loyauté si tu n'aimes pas l'équité et tu es la plus injuste si sciemment tu t'opposes à la volonté — la grâce immense — de Dieu. Plains qui te rachète et non qui te corrompt! Ton rédempteur, non ton débaucheur; le Seigneur mort pour toi, non le serviteur vivant — et maintenant enfin vraiment libéré de la mort. Prends garde, je t'en prie, que l'on te reproche fort honteusement ce que dit Pompée à Cornélie qui pleurait : « Le Grand Pompée reste vivant après la bataille, mais sa fortune a péri : c'est cela que tu pleures, et donc cela que tu as aimé » (Lucain, *Pharsale*, VIII, 84-85).

Je t'en prie, comprends cette remarque et rougis, si du moins tu n'accordes pas de valeur à tes honteuses turpitudes perdues! Accepte, ma sœur, accepte, je te le demande, avec patience, ce qui nous arrive miséricordieusement. C'est le fouet d'un père, non le glaive d'un persécuteur. Un père frappe pour corriger, l'ennemi pour tuer. Sa blessure prévient la mort, elle ne la donne pas. Il porte le fer pour amputer la maladie, blesse le corps pour guérir l'âme. Il aurait dû tuer, et il guérit. Il tranche l'immondicité pour laisser le corps pur. Il punit une fois pour ne pas punir toujours. Un seul souffre de la blessure pour épargner la mort aux deux. Deux dans la faute, un dans la peine. La miséricorde divine fut indulgente à ton infirmité tout naturellement, et avec une certaine justice : car tu étais naturellement plus infirme par ton sexe et plus forte par ta continence, donc tu méritais une peine moindre.

Je rends grâce au Seigneur qui t'a libérée du châtiment et t'a réservé une couronne. Moi, en une fois, en châtiant mon corps, pour me préserver de la chute, il m'a refroidi de toutes les ardeurs de la concupiscence qui me prenait tout entier tellement mon incontinence était sans mesure. Et toi, il a abandonné ta jeunesse aux nombreuses et grandes passions de ton âme, aux suggestions continuelles de la chair, pour te réserver la couronne du martyre. Qu'il te pèse de l'entendre, et que tu m'empêches de le dire, c'est cependant une vérité manifeste : le vainqueur du combat gagne la couronne, car « Nul ne sera couronné s'il n'a pas lutté loyalement » (II *Tim.*, II, 5).

Moi il ne me reste nulle couronne parce que je n'ai aucune raison de lutter : la matière du combat me fait défaut, moi à qui le stimulus de la concupiscence a été enlevé.

Cependant je pense que ce n'est pas rien si, ne recevant aucune couronne, j'évite toute peine et que la douleur d'une unique et brève punition m'attire l'indulgence pour des châtiments eux nombreux et éternels. Il est écrit des hommes dont la vie est la plus misérable, des sortes de bêtes : « Les animaux pourrirent dans leur fiente » (*Joël*, I, 17).

Je me plains moins de voir mon mérite diminué quand j'ai l'assurance de voir croître le tien, car nous sommes un dans le Christ, une seule chair par la loi du mariage. Ce qui est à toi, je ne l'estime pas étranger à moi-même. Le Christ est tien, parce que tu as été faite Son épouse, et maintenant, comme je l'ai rappelé, tu m'as comme serviteur alors que tu me reconnaissais comme ton seigneur, et je suis plus lié à toi d'un amour aujourd'hui spirituel que soumis par la crainte. Aussi je me fie bien plus dans l'aide que tu peux nous obtenir auprès de Lui, pour gagner par ta prière ce que je ne peux gagner par la mienne, surtout maintenant que les agressions quotidiennes de périls et de troubles ne me permettent pas de vivre ou de me consacrer à la prière. Je ne peux imiter ce bienheureux eunuque tout-puissant dans la demeure de Candace, la reine d'Ethiopie, gérant de tous ses trésors, qui était venu de si loin adorer Dieu à Jérusalem : l'apôtre Philippe lui fut envoyé par un ange, alors qu'il repartait, afin de le convertir, ce qu'il avait mérité par sa prière et son assiduité à la lecture sacrée. Grâce à cette lecture, et afin qu'il ne perde pas de temps en route, — il était extrêmement riche et noble — la providence divine le fit bénéficier d'un concours de circonstances heureux : il était tombé sur le texte de l'Ecriture qui offrait à l'apôtre l'occasion la plus favorable de le convertir (*Actes*, VIII, 27). Mais moi, pour que personne ne puisse entraver ma demande ou différer son accomplissement, je me suis hâté de composer et de t'envoyer cette prière de supplication au Seigneur en ma faveur :

Dieu, dès le commencement de la création humaine, quand Tu as formé la femme de la côte de l'homme, Tu as établi le très grand sacrement de l'union conjugale, et Tu as rendu sublimes les noces par un honneur immense en naissant d'une épousée et en accomplissant le premier miracle à Cana. Il T'a plu aussi de me donner le mariage en remède à l'incontinence de ma fragilité. Ne méprise pas les prières de Ton humble servante : je les répands en suppliant devant Ta majesté pour mes propres fautes et celles de mon aimé. Pardonne, Toi si magnanime, Toi la magnanimité même, pardonne nos crimes si nombreux et si grands. Que l'immensité de nos fautes puisse faire l'expérience de Ton ineffable miséricorde. Punis les pécheurs pour le présent, afin de les épargner dans le futur. Punis-les sur-le-champ afin de ne pas les punir pour l'éternité. Prends contre tes serviteurs le bâton de la correction, non le glaive de la colère. Châtie les corps pour sauver les âmes. Sois Celui qui permet le rachat, non le vengeur ; sois bon plutôt que juste ; père miséricordieux et non Seigneur sévère. Eprouve-nous et tente-nous, Seigneur, comme le Prophète le demande clairement pour lui : « Examine d'abord nos forces, et modère d'après elles le poids des tentations [177] » ; saint Paul le promet aux fidèles : « Car Dieu est fidèle, qui ne permet pas que vous soyez tentés au-delà de vos forces. Mais il établira un accord avant la tentation afin que vous puissiez lui résister [178]. »

Tu nous a unis, Seigneur, et séparés quand et comme il T'a plu. Maintenant, Seigneur, ce que Tu as commencé avec miséricorde, achève-le avec encore plus de miséricorde, et ceux que Tu as séparés un temps dans le monde, réunis-les à Toi éternellement dans le ciel. Toi qui es notre espoir, notre partage, notre attente, notre consolation, Seigneur, béni dans les siècles. Amen.

Porte-toi bien dans le Christ, épouse du Christ; dans le Christ porte-toi bien et vis par le Christ.

NOTES

1. Les différents titres que portent les manuscrits sont : « Première lettre, de consolation, de Pierre Abélard, ou Histoire de mes malheurs » ; « Vie du Maître Pierre Abélard » ; « Lettre du vénérable Maître Pierre Abélard » ; et même : « Lettre de Pierre Abélard à son amie sur les attaques et les calamités qui lui sont survenues, sur la manière dont il s'est uni à Héloïse, d'abord comme amants puis comme époux ». Abélard a écrit cette lettre pendant qu'il était abbé de Saint-Gildas, mais sans doute pas du monastère lui-même, plutôt d'un des prieurés où il dit, à la fin de sa lettre, se réfugier.

2. Abélard est le surnom de Pierre, qu'il s'est donné pour remplacer un autre surnom trouvé par ses camarades étudiants, dans une des premières écoles fréquentées avant l'arrivée à Paris. Très fort dans la partie « littéraire » des études, Pierre était nul dans la partie « scientifique » et ne faisait aucun effort. Ce que son maître lui fit remarquer : « Quand un chien est repu, il se contente de lécher le lard ». Et tout le monde l'appela « lécheur de lard », « bajalardus » dans le latin des étudiants. Mais Pierre répliqua qu'il « avait déjà le lard », sans avoir besoin de travailler, soit « habeo lardum » qui donna « Habelardus », Abélard ! cf. Ch. de Rémusat.

3. Les titres des paragraphes ne sont pas d'Abélard et parlent de lui à la troisième personne.

4. Le Pallet se trouve à une vingtaine de kilomètres de Nantes, en direction du sud-est, sur la route de Poitiers : son lieu de naissance vaut à Abélard son surnom le plus habituel de « Palatinus », il est le « péripatéticien palatin ». La Petite

Bretagne est le duché de Bretagne, par opposition à la Bretagne insulaire ou Grande-Bretagne. Ce qu'Abélard appellera la France est la province de l'Ile-de-France.

5. Cf. son contemporain, Othon de Freising : « en effet (la Bretagne) est une terre fertile en clercs à l'esprit pénétrant, quand il est appliqué aux arts, mais stupides pour toutes les autres affaires ».

6. Pierre est l'aîné, suivi de Raoul, Porcaire, Dagobert et Denise. Dagobert est marié et a des enfants puisque Abélard parle de ses neveux. Un cartulaire cite les noms de Porcaire, chanoine de Nantes, et d'Astrolabe, son neveu, chanoine de la même ville : il est difficile d'imaginer un autre Astrolabe que le fils d'Héloïse et d'Abélard, au même lieu et à la même époque. Denise est la sœur chez qui Héloïse achèvera sa grossesse et accouchera, et qui gardera l'enfant. On a le nom de deux nièces religieuses, Agathe et Agnès.

7. La dialectique du XIIᵉ siècle correspond à ce que nous appelons la logique. Elle est en effet la science qui enseigne à discerner le vrai du faux, soit au niveau des mots (préciser leur sens exact), soit au niveau des raisonnements (elle fait alors appel à la « dispute »). La *dispute* est un exercice scolaire mettant aux prises des étudiants ou des maîtres. Elle a lieu à propos d'une *question*, c'est-à-dire de l'exposé d'une contradiction repérée entre deux interprétations différentes d'un même texte (par deux auteurs différents, ou par le même auteur en deux endroits de ses œuvres), ou entre deux opinions divergentes de deux penseurs faisant autorité. Pour les étudiants, la dispute fait partie des exercices scolaires ou sert d'épreuve d'examen. Pour les maîtres, elle est occasion de montrer connaissances et habileté. Enseigner la dialectique c'est donner des armes pour triompher dans la *dispute*.

8. Donc la dispute n'est pas pratiquée partout. Dans son parcours de Nantes à Paris, Abélard fut notamment l'élève de Roscelin à Loches. Ce Roscelin, né à Compiègne où il fut maître des écoles, était nominaliste (soutenant que les idées générales n'ont aucune réalité hors de notre esprit). Il applique cette doctrine au dogme de la Trinité et se voit condamné au concile de Soissons de 1093. Réfugié en Angleterre, il s'y oppose à saint Anselme devenu archevêque de Canterbury, et on le retrouve maître de dialectique à la collégiale de Sainte-Marie de Loches, sur l'Indre. Il fait partie du chapitre de Saint-Martin de Tours quand il écrit son invective à Abélard, en 1120. La méchanceté de cette lettre ne témoigne pas en faveur de bons rapports entre le maître et son élève... Cf. *infra*, Annexe nᵒ 1.

9. Le Paris que découvre Abélard en 1100, à 21 ans, n'est qu'un tout petit bourg. Après avoir été une cité gallo-romaine de 6 000 habitants, sur les pentes de la montagne Sainte-Geneviève, Paris se replie dans l'île de la Cité dès les invasions du IIIe siècle, devient la capitale de Clovis, mais brûle et est abandonné sous Dagobert. La ville n'intéresse pas Charlemagne et ses successeurs, les Normands y arrivant trop facilement. En 1100 Paris compte donc au plus 3 000 habitants, est limité à l'île de la Cité, avec à l'Ouest le palais royal, à l'Est l'église Notre-Dame et son cloître. Au Nord le Grand Pont où débouchent les routes de Rouen, Senlis, Reims, Melun. Au Sud le Petit Pont, par où on arrive de Chartres ou d'Orléans. Louis VI va construire des ponts en pierre (au moins leurs piles), bâtir un Châtelet pour protéger le pont du Nord, déplacer le marché sur la rive droite (Halles) où s'installeront les commerçants. Sur la rive gauche l'habitat reste dispersé jusqu'à la fin du siècle, et les deux grands monastères, Saint-Victor sur le bord de la Seine, Sainte-Geneviève sur la colline, sont des écoles avec bibliothèques et ateliers monastiques, mais en plein champs. La ville évolue très rapidement pour devenir la première du royaume et sa capitale incontestée. Elle aura 100 000 habitants en 1200, 200 000 en 1300. Cf. R.-H. Bautier, « Paris au temps d'Abélard », in *Abélard en son temps*. La ville a pu alors impressionner les contemporains. Cf. Jean de Salisbury, un Anglais qui suivit les cours d'Abélard dans les années trente, écrit son enthousiasme à Thomas Becket : « J'ai fait un détour par Paris. Quand j'y ai vu l'abondance de vivres, l'allégresse des gens, la considération dont jouissent les clercs, la majesté et la gloire de l'Eglise tout entière, les diverses activités des philosophes, j'ai cru voir, plein d'admiration, l'échelle de Jacob, dont le sommet touchait le ciel et était parcourue par des anges en train de monter et de descendre. Enthousiasmé par cet heureux pèlerinage, j'ai dû avouer : "le Seigneur est ici et je ne le savais pas. Heureux exil, que celui qui a pour endroit cette demeure !" » (Cité par J.-P. Letort-Trégaro.)

10. Archidiacre de Paris, enseignant à l'école cathédrale de Notre-Dame dont il a été nommé écolâtre en 1103. Les recueils de sentences que nous avons gardés de lui montrent un travail pédagogique élaboré, avec des *questions* précises, un raisonnement, une argumentation ; les thèses opposées sont exposées et réfutées.

11. En latin, *sententiæ*. La *sentence* en logique désigne soit le « sens » d'un mot, soit la « théorie, la pensée, l'opinion, la

thèse, la doctrine ». La théorie d'un auteur sera exposée par des textes cités, qu'on appellera aussi *sentences* ; ou bien elle sera expliquée, et la sentence sera l'explication d'un passage. Au XIIᵉ siècle, en effet, le travail d'explication de texte d'un enseignant concerne la *littera* (la lettre, ou explication grammaticale), le *sensus* (la signification de la phrase) et la *sententia* (l'interprétation du passage, sa pensée, sa doctrine). La sentence, exposé du sens global, s'oppose donc à l'explication de détail qu'apporte la glose. Abélard critique donc des explications de textes que Guillaume présente comme fruits de sa réflexion. Cf., par exemple, J. Jolivet, *Arts du langage*, 177, 237.

12. La jalousie de ses rivaux, avec les actions contre lui qu'elle entraîne, est la raison qu'Abélard met en avant pour expliquer ses malheurs : c'est la jalousie qui motiverait Guillaume aussi bien qu'Anselme, et même, à Maisoncelle, l'ensemble des maîtres ; l'évêque de Chartres y voit la source des attaques, et le légat lui attribue les comportements contestables du concile, exprimant même le dégoût qu'elle lui inspire ; Jérôme va servir de garant pour fustiger la jalousie qui poursuit sa victime jusque dans le désert du Paraclet ; c'est la « jalousie des Français » qui le chasse à Saint-Gildas, c'est toujours la jalousie qui suscite les critiques de son dévouement auprès des religieuses ! Jamais Abélard ne se pose la question d'une quelconque responsabilité qui lui incomberait, notamment à cause de son attitude orgueilleuse et méprisante. Cf. Othon de Freising : « Il était si arrogant et si sûr de son génie qu'il consentait à peine à descendre des hauteurs de son esprit pour écouter les maîtres. »

13. Le mot désigne aussi bien le bâtiment que les cours qui y sont donnés. Charlemagne avait demandé que tout établissement ecclésiastique, abbaye ou monastère, entretienne une école pour la formation de ses jeunes, clercs ou moines, en priorité, mais pas exclusivement. Mais ces instructions seront très difficiles à mettre en œuvre, et, « au début du XIᵉ siècle, on ne peut citer comme écoles d'un certain niveau que les écoles épiscopales de Reims, Chartres ou Tours, les écoles monastiques de Fécamp, du Bec ou de Fleury ». Au XIIᵉ siècle le développement économique et l'essor des villes crée une demande de cadres qui entraînera le développement des écoles, avec un enseignement orienté vers autre chose que la formation pastorale et liturgique de clercs. Ce sont d'abord les écoles cathédrales, liées aux villes, qui vont progresser ; puis apparaîtront des écoles nouvelles, soit toujours intégrées à la structure ecclésiastique

(ouvertes par des congrégations de chanoines réguliers, comme à Saint-Victor, sous l'impulsion de Guillaume de Champeaux, ou plus tard à Sainte-Geneviève), soit privées, ouvertes par des maîtres indépendants payés par leurs étudiants. Le foisonnement des écoles indépendantes (Jean de Salisbury raconte avoir écouté onze maîtres différents de 1136 à 1148), et l'instabilité des étudiants qui vont d'un maître à l'autre vont poser aux autorités de gros problèmes de discipline et de maîtrise du contenu des cours. Les règlements fondant les Universités au siècle suivant auront ces objectifs. L'évolution des écoles amène celle du métier d'enseignant : le maître, qui était un érudit transmettant un savoir dans un domaine où sa compétence est reconnue, qui apportait les solutions aux *questions*, doit devenir un dialecticien habile pour toujours répondre aux objections et s'imposer. Roscelin, Guillaume, Anselme, maîtres enseignant selon les méthodes anciennes vont être agressés par Abélard, le plus brillant des nouveaux professeurs. Cf. Jacques Verger, *Histoire des Universités en France*, Privat, 1986, I, 1. Une idée de la fièvre intellectuelle de l'époque est donnée par Hugues de Saint-Victor : « Je vois des bandes d'étudiants. Ils sont en foule ; je vois ici des gens de tous les âges : enfants, adolescents, jeunes gens et vieillards. Leurs études sont de diverses natures. Les uns en sont encore à rompre leur langue inexperte à prononcer des vocables nouveaux et à émettre des mots inhabituels pour eux. D'autres s'attachent à connaître la déclinaison des mots, leur composition, leur famille, d'abord en les écoutant, ensuite en se les récitant entre eux, et, en les répétant de nouveau, ils les enregistrent dans leur mémoire. Il en est qui labourent de leur stylet des tablettes de cire. D'autres dessinent les figures de tracé varié, de couleur bariolée, dirigeant d'une main habile leur plume sur le parchemin. D'autres encore, animés d'une ardeur plus haute, débattent entre eux d'austères matières et, à ce qu'il paraît, s'efforcent de se contrer les uns les autres à grand renfort de subtilité et d'arguties. J'en vois aussi qui s'adonnent à l'arithmétique. D'autres, pinçant des cordes tendues sur le bois, composent des mélodies. D'autres encore expliquent les dessins de la géométrie. Il en est qui décrivent le glissement des astres dans les cieux et leur révolution. Certains traitent de la nature des plantes, de la constitution des hommes, et de leurs propriétés et actions en toutes choses. » (Cité par J.-P. Letort-Trégaro, 33.)

14. Les rois capétiens vont d'un palais ou d'un domaine à l'autre, accompagnés de leurs grands officiers, de gardes, de

clercs, de serviteurs. Des chariots font suivre armes, vivres, literie ; l'un d'eux transporte les actes officiels, les archives du royaume. Philippe Iᵉʳ va ainsi de Paris à Orléans, Etampes, Mantes, Poissy, Melun, Compiègne, Senlis. Abélard semble se mettre sous la protection royale pour son activité d'enseignant. Il aurait alors profité du passage du roi à Melun en 1202, entre Paris où il est pendant l'été et Bourges où on le trouve en octobre.

15. Schématiquement, les deux clans en présence autour des deux archidiacres sont : soutenant Abélard, l'archidiacre Etienne de Garlande, une partie des chanoines de Notre-Dame, l'évêque de Chartres Geoffroy, celui de Meaux Bouchard, les comtes de Blois et de Troyes, les religieux de Sainte-Geneviève. Adversaires d'Abélard, l'archidiacre Guillaume de Champeaux, les évêques de Paris, les abbés de Saint-Denis, Adam et Suger, les religieux de Saint-Victor. Cf. R.-H. Bautier, « Paris au temps d'Abélard », in *Abélard en son temps*, 58. Cf. l'introduction.

16. Louis, fils du roi Philippe et « roi désigné », vient d'en faire un fief royal. On peut penser qu'Abélard profite de l'occasion pour se rapprocher de Paris tout en restant sous la protection du roi.

17. Abélard ne précise pas les durées de son enseignement à Melun ou à Corbeil, ni de son séjour en Bretagne. On ne peut avoir que des repères externes : il arrive à Paris en 1100, Guillaume fonde une communauté en 1108 et devient évêque en 1113. Guillaume enseigne donc la rhétorique entre ces deux dates, et c'est pendant cette période qu'Abélard vient suivre à nouveau ses cours ; en 1113, il devra changer d'enseignant, et ira à Laon. Il est à remarquer qu'en 1108 Louis VI devient roi de France, plaçant au pouvoir le clan auquel Abélard est lié, donc qu'Abélard peut rentrer à Paris sans problème.

18. Le mouvement de mutation qui transforme l'Eglise de la fin du xiᵉ siècle au début du xiiᵉ veut ressusciter la vie des premiers chrétiens imaginée comme vie de pauvreté, communautaire et ouverte aux autres. Chez les religieux, vont se créer des communautés de chanoines intermédiaires entre les moines et les clercs, ayant une règle mais vivant en ville au milieu des hommes. C'est une telle communauté que fonde Guillaume de Champeaux : il s'était retiré au bord de la Bièvre, près d'une chapelle dédiée à saint Victor, et un groupe de disciples le rejoint. En 1113 Louis VI érige la chapelle au rang d'abbaye et la dote de biens importants : l'école qui en dépend est une des plus fréquentées de la ville. Un de ses maîtres (de 1115 environ à sa mort en 1141),

Hugues de Saint-Victor, témoigne de la qualité du travail spirituel et intellectuel de ces chanoines. Dans son *Didascalicon*, introduction générale à l'ensemble des disciplines au programme des études, il innove en donnant une place aux arts mécaniques, c'est-à-dire à l'étude des techniques humaines, par où l'Homme achève la Création : « Apprends tout, et tu verras ensuite que rien n'est superflu » (VI,3). Il ne s'agit donc pas de mystiques coupés du réel, mais de religieux très bien insérés dans la vie sociale de leur époque tout en ayant une grande exigence de vie intérieure.

19. En 1113.

20. Abélard semble opposer le fait de donner des cours à la piété demandée par la vie religieuse. Mais Guillaume n'a pas agi à la légère, et c'est l'évêque du Mans qui lui a démontré « qu'il devait reprendre son enseignement à Saint-Victor au nom même des principes évangéliques dont se réclamait la réforme » (cf. J. Chatillon, « Abélard et les écoles » in *Abélard en son temps*, 144, note 1). D'ailleurs Abélard sera sensible aux mêmes arguments quand il sera dans la même situation : à Saint-Denis on le poussera à reprendre son enseignement en lui rappelant qu'il avait des comptes à rendre pour le « talent » qui lui avait été confié, qu'il se devait aux pauvres, qu'il avait été libéré de la chair pour devenir le philosophe de Dieu ; et Abélard enseignera à Maisoncelle, au Paraclet, à Sainte-Geneviève. Or l'état monastique d'Abélard est théoriquement plus incompatible avec l'enseignement public que l'état de chanoine régulier de Guillaume.

21. La doctrine de Guillaume est *réaliste*, à l'opposé de celle de Roscelin. Pour lui les idées générales ont une réalité positive, et, par exemple, l'humanité était une chose aussi réelle qu'une table. « Si l'humanité est une chose réelle, argua Abélard, comment peut-elle être en deux endroits en même temps : avec Platon à Rome et avec Socrate à Athènes ? Et de plus, si elle constitue l'essence des individus, elle est l'individu même : par conséquent, si elle est tout entière avec Socrate à Athènes, Platon s'y trouve aussi, avec lui et en lui ». Guillaume dut amender sa formulation (« une même caractéristique se retrouvait par essence... »), et il remplaça « par essence » par « indifféremment » (cf. P. Morin, 135). Le problème n'est pas seulement théorique et philosophique, car ses conséquences sur la foi sont directes. Cf. saint Anselme de Cantorbéry : « Celui qui n'a pas compris comment plusieurs hommes individuels sont un seul homme par l'espèce, comment comprendra-t-il qu'il y a

plusieurs personnes en cette mystérieuse nature, que chacune est parfaitement Dieu, qu'elles sont un seul Dieu ? » (Cité par R. Pernoud, 104.)

22. Cf. Boèce, *Commentaires sur Porphyre*, I;PL 64,82A. « En ce qui concerne les genres et les espèces, la question de savoir si ce sont des réalités subsistantes en elles-mêmes, ou seulement de simples conceptions de l'esprit, et, en admettant que ce soient des réalités substantielles, s'ils sont corporels ou incorporels, si enfin ils sont séparés ou s'ils ne subsistent que dans les choses sensibles et d'après elles, j'éviterai d'en parler ; c'est là un problème très profond, et qui exige une recherche toute différente et plus étendue » (cité par Jolivet, *Abélard*, 10).

23. La « rive gauche » a dès le début cette orientation intellectuelle qui fera sa célébrité. C'est au débouché du Petit Pont qui est en face de Notre-Dame que les écoles s'installeront, en débordant du cloître : « le Petit Pont est un lieu bien agréable pour ceux qui passent, qui s'y promènent ou qui discutent de choses intellectuelles » (Gui de Bazoches, vers 1175), « d'autres se plaisent à se baigner et se détendent à se laisser brûler par le soleil » (Geoffroy de Saint-Victor). Les abbayes de Saint-Victor, de Saint-Germain-des-Prés, de Sainte-Geneviève seront les grands centres, avec des formations variées, des locaux, des bibliothèques, des ateliers d'écriture de manuscrits, des centaines d'étudiants. Sainte-Geneviève ne sera intégrée à la ville que lors de la construction de l'enceinte de Philippe-Auguste, achevée en 1211.

24. On comprend donc pourquoi Abélard a voulu avoir sa propre école. Dans les premières discussions avec Guillaume, il a contre lui tous les disciples de ce maître. Il va donc choisir de renoncer à la lutte le temps de se créer sa propre troupe (pour employer son vocabulaire guerrier) afin de revenir en nombre assiéger le camp de Guillaume et l'emporter en le submergeant. Si le succès d'Abélard est indéniable, on sait que les maîtres parisiens, après un premier mouvement de curiosité, ont cherché à répondre aux arguments du philosophe. On raconte aussi que tel ou tel réussit à le réfuter dans des discussions, ce dont l'*Histoire de mes malheurs* ne parle absolument pas.

25. Cf. Cic., *Ire Cat.*, VIII, 21 : « cum tacent, clamant » ; cf. *Luc* XIX, 40 : « Je vous le dis, si eux se taisent, les pierres crieront ». Héloïse emploie une expression similaire dans sa première lettre (cf. Lettre II). Roscelin avait déjà employé une telle image dans sa lettre à Abélard : « Ta déchéance est

tellement manifeste que, même si ma langue la taisait, elle parlerait d'elle-même. » (Cf. Annexe n° 1.)

26. Cf. l'introduction, pour l'entrée en religion de gens mariés.

27. Abélard emploie ici le mot *divinitas*, alors que les termes usuels sont *doctrina sacra* ou *sacra pagina*. Abélard sera le premier à employer le mot *théologie*, qui jusqu'alors désignait l'étude des religions païennes, pour l'étude de la religion chrétienne selon des méthodes inspirées des études profanes. Le pionnier en fut saint Anselme, abbé du Bec, dont un élève nous indique la méthode : « Selon cette méthode (distinguer dans l'Ecriture un quadruple sens), il m'expliqua plusieurs passages de l'Evangile, me révélant de façon toute lumineuse en quoi la volonté se distingue du désir, et je constatai qu'il tirait cette interprétation non pas de lui-même, mais de certains livres à portée de la main, livres qui néanmoins traitaient ces sujets de façon bien moins claire. Par la suite je me mis à mon tour à confronter, comme je le pouvais, ces raisonnements avec de semblables commentaires, et à scruter partout les Ecritures attentivement, l'esprit très aiguisé, en vue de trouver tout ce qui, au plan moral, pourrait s'accorder avec de tels raisonnements » (Guibert de Nogent, *Autobiographie*, I, XVII).

28. A Laon se trouvait l'école de théologie la plus active de l'époque, la plus brillante, la plus renommée, fréquentée par une foule d'étudiants venus de toute l'Europe. Anselme s'appuie sur une longue tradition et fait de son école le centre incontesté des études sacrées. L'effort des maîtres de Laon visait à créer un outil de travail efficace : sur la même page où le texte biblique était écrit en gros avec des lignes espacées, des gloses brèves, interlinéaires, en petits caractères, explicitaient le *sensus* ; tandis que des gloses marginales, plus longues fournissaient toute la matière à la réflexion personnelle qui devait aboutir à la *sententia*. En venant à Laon, Abélard vient là où s'est formé et a enseigné Guillaume. On peut donc dire qu'il est « comme obsédé par son ancien adversaire. Il marche sur ses pas. Il le suit à la trace. Il se rend donc à Laon pour apprendre à l'égaler et à le surpasser dans un domaine qui n'est pas encore le sien et dans lequel, sans aucun doute, Guillaume a déjà acquis notoriété et autorité ». D'après J. Chatillon, « Abélard et les écoles », in *Abélard et son temps*, 146-151.

29. Cf. *Monita ad Astrolabum* : « On se nourrit de fruits et non de feuilles, c'est le sens des mots qui doit être préféré à leur sonorité. »

30. *Sententiarum collationes* : « séance de travail au cours de laquelle on "collationnait" et confrontait entre elles des "sentences" patristiques ou magistrales se rapportant à un texte biblique déterminé ou à une *quaestio* abordée au cours de la *lectio* », J. Chatillon, article cité, 152.

31. C'est-à-dire à un auteur récent, ce que refuse Abélard.

32. C'est-à-dire accompagné de gloses simplifiées.

33. *Non... per usum sed per ingenium.* Au moment où il vit sa passion pour Héloïse, Abélard sentira qu'il ne disait plus rien *ex ingenio*, mais que tout venait *ex usu*, c'est-à-dire que la routine l'emportait sur la découverte. Ici il veut se démarquer de la méthode d'Anselme, donc rejeter le recours aux autorités habituelles pour s'en remettre à sa science de la dialectique. Cf. J Chatillon, article cité, 154-5.

34. Ces deux condisciples d'Abélard vont jouer un rôle fondamental dans sa condamnation à Soissons. Albéric devient archidiacre de Reims en 1113-14, et dirige les écoles avec Lotulphe. Il devient archevêque de Bourges en 1137. Il est présenté comme un homme à la parole facile dans ses cours, mais n'allant pas très loin dans les solutions aux questions. Jean de Salisbury a suivi ses cours après le départ d'Abélard de l'école de Sainte-Geneviève, en 1136 environ : « Encore presque adolescent, je passais en France l'année qui suivit l'abandon des affaires de ce monde par le roi des Anglais, Henri, le Lion de justice. Je m'adressai au péripatéticien du Pallet, ce célèbre et admirable enseignant, qui alors surpassait tout le monde sur la montagne Sainte-Geneviève. Là, à ses pieds, je reçus les premiers rudiments de son art, et, dans la mesure de mes capacités, captai avec toute l'avidité de mon esprit tout ce qui tombait de sa bouche. Ensuite, après son retrait, qui me parut trop hâtif, je m'attachai au maître Albéric qui parmi les autres brillait comme le plus célèbre dialecticien, et était vraiment un des adversaires les plus agressifs et les plus percutants des nominalistes. »

35. Abélard, si orgueilleux lui-même, ne pouvait qu'être sensible à ce trait de caractère.

36. Les critiques d'Abélard envers Anselme contredisent les éloges unanimes de tous les autres contemporains. En fait l'influence d'Anselme et de son école sur l'évolution de la méthode théologique est historiquement considérable, et c'est à Laon « qu'ont été forgés les méthodes et les instruments de travail dont l'usage allait profondément transformer les conditions de la réflexion théologique » pour plusieurs siècles (cf. J. Chatillon, article cité, 158).

37. En 1115, devenant recteur des écoles et chanoine.

38. Cf. la lettre de Foulques de Deuil, *infra*, Annexe n° 2.
Il venait des étudiants de presque tout le pays latin,
racontait-on. Et saint Bernard écrit qu'Abélard ne craignait
rien à cause des postes importants que ses anciens étudiants
avaient dans l'Eglise : on a dénombré un pape, dix-neuf car-
dinaux, plus de cinquante évêques et archevêques. On peut
rapprocher le comportement d'Abélard de celui qu'aura un
siècle plus tard le chirurgien Henri de Mondeville : ce prati-
cien est conscient qu'il ne peut gagner sa vie que par son
intelligence et parle aussi de « briller par son génie naturel »
(cf. n. 32), rappelle la nécessité vitale de se faire payer (cf.
M.-C. Pouchelle, *Corps et chirurgie à l'apogée du Moyen Âge*,
Flammarion, 1983).

39. Foulques de Deuil rapporte des bruits qui circulent
sur Abélard, qu'il aurait couru les femmes et s'y serait ruiné
(cf. *infra*, Annexe n° 2). Mais Abélard parle de sa continence rigoureuse, dit qu'Héloïse est la bonne fortune qui l'a
précipité du haut de sa grandeur, que le manque d'habitude
des joies amoureuses les amenait à s'y adonner avec
d'autant plus d'ardeur. Il semble donc vraisemblable que
c'est avec Héloïse qu'il vécut sa première expérience.

40. On ne connaît de sa famille que le nom de sa mère,
Hersende, et son lien de parenté avec Fulbert, son oncle
maternel. Elle est née en 1101-1102. Le nécrologe du Paraclet porte au 16 mai 1164 : « notre mère en religion, Héloïse,
première abbesse, renommée par ses connaissances et sa
piété,... est allée auprès de Dieu ».

41. Plus tard Abélard écrira aux religieuses du Paraclet :
« Pour vous instruire, vous n'avez pas loin à aller. En la personne de votre mère vous avez un enseignement qui peut
vous servir pour tout, tant pour l'exemple des vertus que
pour l'étude des lettres : car elle n'est pas ignorante du latin,
bien sûr, mais aussi de l'hébreu et du grec, et elle semble
bien être la seule de nos jours à avoir obtenu une bonne
connaissance de ces trois langues dont l'étude est recom-
mandée par saint Jérôme » PL 178,333BC. Pierre le Vénérable, après la mort d'Abélard, est heureux de rappeler à
Héloïse que tout jeune clerc il avait déjà été frappé par son
renom : « en vérité, je ne commence pas aujourd'hui à
t'aimer, et je me souviens de l'avoir fait depuis très longtemps. Je n'étais pas sorti de l'adolescence, je n'étais pas
encore un jeune homme, quand la renommée, non pas
encore de ta piété, mais de ta sagesse et de ton admirable
science me parvint. J'appris à cette époque qu'une femme se

consacrait à la connaissance des lettres, ce qui est fort rare, et à l'étude de la sagesse, même s'il ne s'agissait que de la sagesse du monde. Et pourtant, elle n'était pas libre de tous les liens du siècle... Par tes études tu avais dominé toutes les femmes et surpassé presque tous les hommes... Douce chose me serait de parler avec toi longuement, car je suis fasciné par ton érudition si célèbre, et attiré par ta piété dont beaucoup m'ont depuis longtemps parlé. Plût à Dieu que notre abbaye de Cluny vous eût possédée! Plût à Dieu que cette délicieuse maison de Marcigny vous eût renfermée avec les autres servantes du Christ... ».

42. Depuis l'Antiquité, les méthodes d'enseignement sont restées particulièrement brutales. En 1114-1117, un autre père abbé, Guibert de Nogent, raconte : « presque chaque jour j'étais lapidé par une furieuse grêle de soufflets et de coups de fouet », « frappé de manière honteuse », je portais de « multiples meurtrissures dont sans raison il (le précepteur) ne cessait de zébrer ma peau » et un jour ma mère m'enleva ma chemise et « put contempler mes petits bras marqués de bleus, et la peau de mon pauvre dos enflée un peu partout à la suite des coups de verges », in *Auto-biographie*, I,V-VI. Saint Augustin a eu la même expérience (*Confessions*, I), au point d'écrire à cause de ces souvenirs : « qui n'aurait horreur de recommencer son enfance et ne préférerait mourir, si le choix lui en était donné », in *Cité de Dieu*, XXI, XV.

43. Ovide ne parle pas des coups donnés et reçus pour augmenter la jouissance. Jean de Gaddesden, après les caresses et les baisers, conseille de « frapper les fesses » de la femme que l'on veut exciter à l'amour (*La Rose anglaise*, cité par D. Jacquart et C. Thomasset, *Sexualité et savoir médical au Moyen Âge*, PUF, 1985, 182). On est ici loin de la brutalité conjugale évoquée dans la deuxième lettre d'Abélard à Héloïse (cf. Lettre V), et encore plus dans les *Confessions* par saint Augustin : « Maintes femmes, dont les maris étaient plus traitables (que celui de Monique), portaient sur leur visage mis à mal des traces de coups »; elles en parlent entre amies, et Monique rappelle aux autres que le contrat de mariage fait d'elles des servantes, qui n'ont pas à « faire les fières avec (leurs) seigneurs et maîtres » (IX).

44. Cf. Flamenca : « L'Amour les invite et les incite à accomplir ce qui leur fait plaisir » (vv. 5949-5950). Les romans des XIIᵉ et XIIIᵉ siècles sont en général plus discrets pour dépeindre l'ardeur du désir. Cf. Y. Ferroul, « La description du désir dans les romans : l'exemple de *Sone de Nansay* », Bien Dire et Bien Aprandre, 11, 1993.

45. Jolivet remarque : « Il est probablement le seul philosophe du Moyen Age (peut-être aussi Raymond Lulle ?) à avoir connu cela (« l'humaine tendresse », « la merveilleuse égalité du couple »), qui suffirait pour qu'on lui assigne une place à part... » in *Abélard*, p.19.

46. En réalité, Ep. CXLVII,10 *Ad Sabinianum*, PL 22, 1203.

47. Ovide raconte en effet que Mars et Vénus, ayant été exposés enlacés aux yeux de tous les dieux, n'avaient plus de secret à protéger et donc « ce qu'ils cachaient auparavant, ils le font plus ouvertement, car ils ont banni toute honte », *Art d'aimer*, II, 561 et sq. Le recours à l'anecdote mythologique ne signifie pas nécessairement en plus que les deux amants ont eux aussi été surpris en plein jeu amoureux, ni qu'Abélard suggère à Fulbert les mêmes remords qu'Ovide à Vulcain : « Souvent tu avoues que ta conduite a été insensée et imprudente, et l'on dit que tu te repens de ton stratagème ». Homère n'évoquait que « le rire inextinguible » des dieux devant le spectacle des amants emprisonnés dans le filet (*Odyssée*,VIII,267-343), cf. Ovide, *Métamorphoses*, 169-189.

48. On a souvent remarqué cette différence avec les fictions : « Héloïse est combien plus pathétique que les héroïnes auxquelles les poètes font grâce des servitudes qu'entraînent les conséquences de l'amour » (J. Charpentier). Le mot astrolabe (de *astrum*, étoile et *lapsus*, chute) désigne un instrument de navigation permettant de repérer le passage d'une étoile à un point déterminé, ou de représenter le ciel à un instant donné. Comme « la tradition populaire celte considère les étoiles lointaines comme le lieu d'origine des âmes enfantines », pourquoi ne pas penser que ce petit Breton « était le symbole de la chute de l'astre qu'était son père » (P. Morin, 138) ? Ou l'enfant permettait-il à ses parents de repérer l'étoile qui les guiderait vers le salut ? L'époque s'intéresse à l'astronomie et aux instruments : cf. le *De opere astrolapsus* d'Adélard de Bath (1090 ?-1160 ?), un intellectuel passionné de science grecque et arabe, qui ira en Sicile et en Syrie pour étudier, et sera maître à Laon.

A la mort d'Abélard, Héloïse écrit à Pierre le Vénérable en lui recommandant d'essayer de procurer une prébende pour son fils, auprès de l'évêque de Paris ou de tout autre. Pierre répond qu'il s'en charge bien volontiers. Dans le nécrologe du Paraclet, on trouve, à la date du 30 octobre, la mention : « Pierre Astrolabe, fils de notre maître Pierre. »

49. Abélard se donne le beau rôle. Il est curieux qu'il n'évoque pas la raison qu'il confiera pourtant plus tard à Héloïse : j'ai voulu t'épouser parce que « je t'aimais plus que de mesure et désirais t'attacher éternellement à moi » (Deuxième lettre à Héloïse, quatrième point). On peut dire, par ailleurs, qu'il veut se montrer l'habile dialecticien qui a manipulé par son raisonnement l'oncle furieux, mais est devenu la victime du manque de parole de cet homme si peu maître de ses sentiments. Pauvre malheureux, victime de sa bonne foi et de sa gentillesse. Mais pourquoi ne pas imaginer qu'il veut surtout qu'on n'aille pas croire qu'il a été berné comme un débutant par un Fulbert fort habile et calculateur, qui visait pour sa nièce le meilleur parti possible (un professeur de renom aux solides appuis socio-politiques), qui a profité de l'occasion de la mettre dans les bras d'Abélard, qui, en jouant à celui qui ne voyait rien, a laissé Abélard s'enferrer au point de ne plus avoir d'autre solution que le mariage. Et qui donc réagira très violemment lorsque Abélard éloignera Héloïse dans un monastère et semblera vivre sa vie de garçon.

50. La raison de cette volonté de secret ne peut venir de la situation ecclésiastique d'Abélard. Les simples clercs, et même ceux qui ont reçu les ordres mineurs, peuvent se marier (leur mariage est valide et licite) et ne perdent alors pas leur fonction dans les offices. A plus forte raison, ils pourraient continuer à enseigner. Jamais Héloïse ou Abélard n'évoquent le risque de ne plus pouvoir enseigner. La seule raison du secret semble être le discrédit lié au mariage dans le monde intellectuel : c'est une déchéance. Cf. E. Gilson, *Héloïse et Abélard*, ch. I.

51. Héloïse a très bien compris que l'idéal d'Abélard est de rivaliser avec les plus grands philosophes, Sénèque et saint Jérôme. Or le mariage avec ses contraintes matérielles, mais aussi avec sa caractéristique profonde (deux êtres qui donnent mutuellement à l'autre tout pouvoir sur soi), est une entrave à la liberté totale nécessaire pour atteindre les sommets de la vie philosophique. Elle veut éviter à l'homme qu'elle aime de se lancer dans une telle impasse. Abélard lui-même est persuadé que le mariage est humiliation et servitude : « Quel lien plus étroit que celui du couple conjugal, quelle servitude plus lourde à porter pour un homme que de n'être même plus le maître de son corps ? Bref, quoi de plus lourd à porter dans la vie que d'être quotidiennement en proie aux soucis que donnent une femme et des enfants ? » Un mari, c'est « un âne domestique ». (Sermon XXXIII, PL

178, 5872, cité par E. Gilson, *ibid.*, 50.) L'argument de la servitude des mariés au droit du conjoint est présent chez Tertullien : « Examinons en effet notre propre conscience : comme on se sent un autre homme quand il arrive qu'on s'abstienne d'avoir des rapports avec sa femme ! On accède à la sagesse spirituelle : fait-on une prière au Seigneur ? on est proche du ciel ; se penche-t-on sur les Ecritures ? on y est tout entier ; chante-t-on un psaume ? on s'y complaît ; conjure-t-on un démon ? on a confiance en sa propre force. » (*Exhortation à la chasteté.*) Il est repris par Foulques. Cf. *infra*, Annexe n⁰ 2, qui s'appuie sur saint Augustin : « Je suis convaincu que rien ne détourne plus l'esprit de l'homme des sommets que les caresses de la femme et ces attouchements du corps sans lesquels un mari ne peut posséder son épouse » (*Soliloques*, 1, 10).

52. I,48 ; PL 23, 291A.

53. *Ibid.* ; PL 23, 291B. Il ne faut pas interpréter cette remarque comme le fait Abélard : ce n'est pas une preuve de chasteté de la part de Cicéron, mais simplement un signe du peu de cas que les hommes de l'Antiquité font des femmes. Pour l'aide ménagère, un esclave est bien plus commode (cf. Théophraste, *ibid.*) ; pour l'amitié, seul un autre homme peut en être digne (Cf. Cicéron, *De l'Amitié*) ; pour la sexualité, Cicéron a son secrétaire, dont la docilité est tout acquise. Cf. saint Augustin, étonné par le texte de la Genèse : « Je ne vois pas en vue de quelle aide la femme fut créée pour l'homme, sinon en vue de procréation. Si la femme n'a pas été donnée à l'homme dans le but d'engendrer des enfants, alors pour quelle aide ? Pour qu'ils travaillent la terre ensemble ? Si l'homme avait eu besoin d'un soutien pour cela, le concours d'un autre homme lui eût été plus utile ! On peut dire la même chose du réconfort dans la solitude. Combien plus agréable est la cohabitation de deux amis comparée à celle d'un homme et d'une femme ! » (*De genesi ad litteram*, IX, 5-9.) Clément d'Alexandrie, pour sa part, trouvera comme motivation au mariage les soins que seule une épouse donnera à coup sûr en cas de maladie, ou dans la vieillesse ! Quant aux philosophes païens, après avoir cité leurs opinions sur le mariage, il concluait, lui : « En un mot, ceux-ci ont mis en avant leurs théories tant qu'il ne s'agissait que de parler, mais en fait ils furent esclaves des voluptés, les uns pratiquant les concubines, les autres les courtisanes, et la plupart les adolescents », *Stromates*, II, ch. XXIII, 138, 6.

54. Déjà saint Jérôme avait tenu ce genre de raisonne-

ment : « Vous avez appris dans le mariage même ce que le
mariage a d'ennuis; vous vous êtes rassasiée de cailles
jusqu'à en avoir du dégoût. Votre bouche a senti l'amertume
de la bile : voudriez-vous manger encore de ce qui vous a
rendue malade, et retourner comme un chien à votre vomis-
sement? », Ep. 54, *A Furia*, 4, 5, PL 22, 551-2. « Je ne vous
parlerai donc ni des douleurs de la grossesse, ni du désagrément d'entendre sans cesse crier autour de soi des petits
enfants, ni de la jalousie et des chagrins amers que l'infidé-
lité du mari occasionne, ni des soins continus qu'exige la
conduite d'une maison, ni de mille autres embarras... » Cf.
Sur la virginité de Marie, 20, PL 23, 214AC; Ep. 50 *A
Dominion*, PL 22, 516. Cf. Jean Chrysostome, *Sur le mariage
unique*, V, 332 : « (Une veuve connaît) les soucis, les
affronts, les insultes, les jalousies, les soupçons téméraires,
les douleurs de l'enfantement, toutes les autres misères... »

55. Cf. *Nb*, VI, 21; *Juges*, XVI, 17; *Amos*, II, 11.

56. Ep. CXXV, 7; PL 22, 1076.

57. Cf. *Marc*, 1, 2...

58. I, 48; PL 23, 291BC.

59. Plus tard, à la fin du siècle, un Chrétien de Troyes,
dans ses romans, proposera comme idéal d'amour chevaleresque d'avoir la même personne comme amie et
comme épouse, c'est-à-dire d'épouser la femme dont on est
amoureux; et Enide sera la « belle amie » d'Erec, Laudine,
celle d'Yvain. Pour Cligès et Fénice il sera explicitement
noté : « de s'amie a faite sa dame ». Mais le raisonnement
d'Héloïse exaltant la liberté de l'amour ne peut amener à
conclure qu'elle partage les conceptions romanesques ou
courtoises de l'amour, car pour elle la femme dégrade
l'homme qu'elle aime alors que romans et poèmes veulent
prouver qu'aimer aboutit à progresser, à donner le meilleur
de soi-même, ainsi qu'à entraîner l'autre vers le haut. Il y a
seulement des coïncidences de vocabulaire, notamment, en
plus du terme d'amie, avec le mot « dame », « épouse du seigneur » : cf. Abélard, Lettre V, premier point.

60. A rapprocher du raisonnement du chevalier Gauvain
voulant convaincre son ami Yvain de repartir avec lui en
tournois au lieu de rester auprès de la femme qu'il vient tout
juste d'épouser : « Je m'étonne de voir comment on
s'inquiète d'un confort qui dure sans cesse. Le bonheur
gagne en saveur à être attendu et on a plus de plaisir à goû-
ter un petit bonheur qui se fait attendre qu'une grande félicité dont on jouit immédiatement. » *Le Chevalier au lion*, traduction de Michel Rousse, GF-Flammarion, 1990, p. 160.

61. Cette argumentation est bien sûr univoque alors que les idées contraires existent aussi. Sans revenir sur les citation bibliques favorables aux femmes, et qu'Abélard reprendra dans sa première lettre à Héloïse, il faut évoquer ceux qui voient dans le mariage une voie vers la sainteté. Pour saint Jean Chrysostome, la femme n'est pas une entrave mais une aide pour le salut : « qu'on ne me dise pas : je ne peux être sauvé si je n'abandonne pas mon épouse, mes enfants et mes occupations. Est-ce que ta femme t'est une charge? c'est comme aide qu'une femme t'a été donnée! » Et il rappelle les exemples de Moïse, Abraham, Job, modèles de soumission à Dieu, qui furent mariés et ne quittèrent pas leurs épouses (Patrologie grecque, LXIII, 600-2). Héloïse en est en fait convaincue, le mariage n'est pas un obstacle au salut : « Car les Béatitudes dont parle le Christ ne sont pas destinées aux moines seulement... En quoi résiderait l'honneur que l'on attribue au mariage si on ne voit en lui qu'une entrave? » Lettre VI, PL 178,216. Hugues de Saint-Victor estime que déjà l'union des corps rend le mariage légitime et saint, à plus forte raison l'union des âmes. Car, pour ce religieux, ce que vivent les époux est « le signe et le symbole du grand mystère qu'est l'union du Christ et de l'Eglise » (cité par Dom Leclercq, *Le Mariage vu par les moines au XIIe siècle*, Cerf, 1983, 48).

62. Le comportement d'Héloïse, abandonnant son enfant à une autre dès la naissance, fut très mal interprété, et beaucoup de critiques l'accusèrent de ne pas avoir la fibre maternelle. Certains trouvent là la justification du comportement d'Abélard obligeant sa femme à entrer en religion : plus amante que mère, Héloïse n'aurait pas su résister aux désirs charnels, seule chose importante pour elle! Cf. Charlotte Charrier. Jeanne Bourin attribue du remords à son héroïne : « Je n'ai sans doute pas choyé mon fils autant que je l'aurais dû... », p.118. Mais de telles interprétations semblent fort anachroniques.

63. Cf. *Marc*, XIV,71 où Pierre renie Jésus : « Alors il se mit à jurer avec force imprécations : je ne connais pas cet homme dont vous parlez. »

64. Fulbert a pu penser qu'Abélard s'était joué de lui parce que la mise au couvent d'Héloïse pouvait être comprise comme une première étape dans un processus qui aboutirait à libérer le philosophe de toute contrainte conjugale. Abélard semble avoir simplement voulu protéger sa femme de la brutalité de son oncle, alors qu'il ne pouvait pas la prendre chez lui avec la fiction du mariage secret. Imagi-

ner, comme Charlotte Charrier, qu'Abélard s'était ainsi débarrassé de sa femme parce qu'elle était devenue gênante pour sa vie de débauche, fait fi du texte, notamment de la force du désir pour Héloïse qu'Abélard évoque à plusieurs reprises. Roscelin, si féroce, dira qu'Abélard se précipite pour donner l'argent gagné aux cours « à sa putain », à Héloïse donc, et n'évoque jamais d'autres partenaires. Cf. *infra*.

65. Malgré l'expression, Abélard n'est pas amputé de sa verge, et ses agresseurs, des châtreurs de porcs, connaissent bien leur travail. Il y a là un effet pathétique qui fascinera à toutes les époques : « arracher la racine du mal », « couper le membre viril » (Pierre Bayle), « chair palpitante » (Gonzague Truc), « une fois tranché cet organe charnel par lequel le désir physique s'exprime directement » (Michèle Sarde), en dépit de toute vraisemblance puisque Abélard a perdu ses testicules, un point c'est tout : les agresseurs seront punis de la perte de leurs « couillons » (trad. Jean de Meun), le *Roman de la Rose* dit : « fu la coille a Pierre tolue » (v.8796). D'ailleurs l'amputation des testicules est relativement anodine (un Galle qui vient de se châtrer dans une cérémonie rituelle peut courir à travers la ville de Rome en brandissant son trophée) tandis que l'amputation de la verge entraîne une hémorragie importante et fatale sans une intervention très lourde, ce que la manière dont Abélard évoque les événements de la nuit et leurs suites ne permet pas d'envisager. Cf. Y. Ferroul, *Bienheureuse castration*.

66. Ce châtiment est habituel, et on le voit utilisé pour un traître au roi d'Angleterre : il passe alors pour miséricordieux, car la faute méritait la corde (Suger, *Vie de Louis VI*, XXVI). Si la peine ne comporte que l'ablation des testicules, c'est bien qu'Abélard n'avait pas perdu sa verge. Quant à Fulbert, ayant nié toute responsabilité, il se vit seulement confisquer tous ses biens au profit de l'Eglise. Abélard trouva la sentence insuffisante et se plaignit de l'évêque et des chanoines. Il voulut même porter l'affaire à Rome. Dans sa lettre, Foulques de Deuil le lui déconseille : les Romains sont trop cupides et il se ruinera ; la vengeance ne convient pas à un moine qui vise la perfection, laquelle s'obtient par l'amour de Dieu et non par la crispation sur des menaces. Cf. *infra*, Annexe nᵒ 2.

67. Pour ces deux citations, il s'agit en réalité de *Lév.*, XXII, 24 et de *Deut.*, XXIII,1.

68. On est en 1118. Les motivations de cet ordre d'Abélard seront évoquées par Héloïse comme un manque de

confiance en elle, qui la rend extrêmement honteuse (première lettre à Abélard, cf. Lettre II). Abélard confirmera cette explication en affirmant qu'il est convaincu que s'ils n'avaient pas été mariés Héloïse serait restée dans le monde, retenue par le goût des plaisirs (deuxième lettre à Héloïse, cf. Lettre V).

69. Abélard avait annoncé que, comme il vivait dans l'orgueil et la luxure, la grâce divine allait le guérir, d'abord de la luxure (c'est ce qu'il vient de raconter, son aventure avec Héloïse), puis de l'orgueil, en l'humiliant par la condamnation au feu de son livre. C'est ce dont il va parler maintenant. La séquence du malheur est stéréotypée : il est entraîné au succès ; les jalousies s'enflent ; les adversaires le piègent ; le malheur le frappe.

70. Foulques en donne une liste, qui dans d'autres circonstances serait cocasse : tu peux être reçu partout sans crainte de tes hôtes, et les maris n'auront plus peur pour leurs épouses ; tu pourras être au milieu des plus belles femmes, des jeunes filles les plus désirables, en toute sécurité ; les recoins fréquentés par les sodomites, tu les éviteras ; tu échapperas aux fantasmes nocturnes ; les caresses à ton épouse, les soucis d'enfants, qui détournent de Dieu, s'éloignent de toi. On comprend la réaction de Pierre Bayle : « en certaines choses Foulques paraîtrait (à Abélard) un consolateur fâcheux » ! (*Dictionnaire historique et critique*, art. Foulques). Cf. *infra*, Annexe n° 2.

71. L'abbé est Adam. Les reproches de conduite honteuse visent la vie toute profane que mènent ces religieux, dans le luxe (notamment des cérémonies, cf. deuxième lettre à Héloïse, premier point), la bonne chère, le confort, et loin de toute pauvreté évangélique. Alors que pour nous les termes employés évoqueraient des désordres sexuels.

72. Abélard le constate, comme il l'a déjà constaté notamment avec Guillaume de Champeaux, mais n'en tire aucune conclusion personnelle.

73. Sans doute à Maisoncelle, près de Provins. Peut-être trois mille étudiants le rejoignent... On est en 1120.

74. Cf. Eusèbe, VI,7.

75. Cassiodore a établi des études séculières dans son monastère, au VI⁰ siècle et, par exemple, exhorte ses moines à lire Dioscoride, Hippocrate, Galien, Cælius Aurelianus « et bien d'autres ouvrages de médecins que, Dieu aidant, je vous laisse dans ma bibliothèque » (Camille Vieillard, *La médecine néo-latine au 1ᵉ siècle d'après Cassiodore*). Les références d'Abélard et d'Héloïse montrent bien l'importance

des auteurs non religieux dans la formation intellectuelle scolaire. Un contemporain, Pierre de Blois, ancien élève de Chartres, écrit : « On ne passe des ténèbres de l'ignorance à la lumière de la science que si l'on relit avec un amour toujours plus vif les œuvres des Anciens. Pour eux seront tous mes soins et l'aube, chaque jour, me retrouvera à les étudier. » (Cité par J.-P. Letort-Trégaro.) Mais qu'il y ait un risque pour ceux qui feront vœu de chasteté, l'exemple de Guibert de Nogent le prouve sans ambiguïté. Adolescent fasciné par la culture classique, il imitera, dans le monastère où il est entré, les poètes qu'il admire, mais « d'une part, j'étais pris aux rêts des lascivetés non seulement des douces paroles que j'avais trouvées chez les poètes, mais aussi de celles que je répandais à foison ; de l'autre, à force de répéter ces expressions et des éléments analogues, j'étais parfois amené dans ma chair à des bouleversements immodérés... Ainsi arrivait-il que, dans cette effervescence,... je me laissais aller à user d'un vocabulaire quelque peu obscène », *Autobiographie*, I,XVII. Le même Guibert, si cultivé, dit aussi : « Pour alimenter mon caquet, je vais même jusqu'à retenir les infâmes paroles des païens », *ibid.*, I, XV.

76. Abélard n'est pas le seul à raisonner ainsi. Cf. Adélard de Bath, répondant à un cistercien qui lui proposait un débat : « Moi, j'ai appris de mes maîtres arabes à prendre la raison pour guide, toi, tu te contentes de suivre en captif la chaîne d'une autorité affabulatrice. » Ou Honorius d'Autun : « Il n'y a pas d'autre autorité que la vérité prouvée par la raison ; ce que l'autorité nous enseigne de croire, la raison nous le confirme par ses preuves. Ce que l'autorité évidente de l'Écriture proclame, la raison discursive le prouve. » (Cités par J.-P. Letort-Trégaro.)

77. En 1121. Après la rédaction de son traité, Abélard se sait l'objet d'attaques dues à ses succès mais aussi aux thèses contenues dans son ouvrage. Roscelin semble un des premiers à réagir. Abélard prend les devants et écrit à l'évêque de Paris pour dénoncer les manœuvres dont il serait victime : « Quelques-uns de nos disciples sont venus nous rapporter que ce vieil ennemi de la foi catholique, dont l'hérésie détestable selon laquelle il y aurait trois dieux a été démontrée par les pères réunis au concile de Soissons... vomit sur moi injures et menaces à cause d'un opuscule composé par nous sur la foi à la sainte Trinité, qui a été écrit principalement contre l'hérésie dont il s'est rendu coupable. L'un de nos disciples nous a, d'autre part, fait savoir... qu'il attendait votre retour pour vous dénoncer certaines hérésies que

j'aurais exposées dans cet opuscule ; et ainsi, il tenterait de vous prévenir contre moi comme il s'efforce de le faire avec tout le monde. S'il en est ainsi... nous vous demandons à vous tous, champions du Seigneur et défenseurs de la foi, que vous décidiez d'un lieu et d'un endroit convenables pour m'y convoquer en même temps que lui et, devant des personnes recommandables et catholiques, que vous aurez choisies, soit entendu ce qu'il me reproche en secret et derrière moi, et que cela soit soumis à leur jugement éclairé (de façon que l'on sache) ou bien s'il me charge à tort d'une telle accusation, ou bien si c'est moi qui suis capable d'avoir osé écrire de telles choses » (cité par R. Pernoud, 104-105). Abélard se garde bien de rappeler sa propre démarche ! Roscelin réplique par une lettre très dure (cf. *infra*, Annexe n° 1), et pourtant Abélard ne cite pas son ancien maître parmi ses adversaires. Il était peut-être mort au moment du concile.

78. *Jean*, VII, 26. Abélard applique à sa propre situation les passages de saint Jean relatifs à la prédication de Jésus : « Le voilà qui parle en toute liberté, et ils ne lui disent rien ! Est-ce que vraiment les autorités auraient reconnu qu'il est le Christ ? »

79. Donc le concile avait un autre ordre du jour que le cas d'Abélard. Un document fait état d'une décision contre les fidèles qui participeraient à une messe dite par un prêtre marié. Cf. Muckle, p.194, note 51.

80. *Préface aux questions sur la Genèse*, PL 23,983. A rapprocher d'Horace, *Chansons*, II,10.

81. Le problème de la maîtrise du contenu des enseignements, quand les maîtres se multiplient et ne dépendent plus aussi strictement qu'auparavant des institutions ecclésiastiques, devient vraiment crucial. Les autorités semblent vouloir faire un exemple en touchant l'enseignant le plus célèbre.

82. Thierry, maître de l'école de Chartres, défenseur de la culture, fut un enseignant respecté et admiré.

83. Abélard souligne donc la difficulté, pour le moins, d'une condamnation en ces matières quand un légat et un évêque de bonne foi ont une opinion contraire à celle d'un Père de l'Eglise.

84. Il semble qu'on avait l'habitude d'y envoyer « les ignares pour les former, les dissolus pour les amender, les récalcitrants pour les dompter », cf. Muckle, 196, note 27.

85. Saint Athanase, *Vie de saint Antoine*, PL 73,132D.

86. L'abbaye de « Saint-Denis se targuait d'avoir pour

fondateur un personnage auréolé d'un immense prestige :
un des juges de l'Aréopage devant qui saint Paul avait parlé,
qui se serait converti, et, devenu le compagnon de l'apôtre,
aurait été le confident de ses extases et aurait consigné cet
enseignement dans une demi-douzaine de traités que le
Moyen Age a passionnément étudiés »; il a été le premier
évêque d'Athènes, et meurt en 95 (J. Jolivet, *Abélard*, 29).
Par la suite on a établi que ces traités de théologie mystique
dataient du vᵉ siècle seulement. En 827 l'empereur de
Constantinople, Michel le Bègue, envoie au successeur de
Charlemagne, Louis le Débonnaire ou le Pieux, une copie
de ces œuvres qu'on croyait de saint Denis, pour le monastère portant ce nom. Hilduin, alors abbé de Saint-Denis, traduit ces textes, puis, sur commande du roi, écrit en 834 une
histoire du saint fondateur où il identifie le Denis Aéro-
pagite, évêque d'Athènes, et le Denis évêque de Paris (cf.
PL, 106, 25) : l'abbaye et le royaume sont donc les héritiers
de la culture grecque, et Saint-Denis tire de sa fondation
presque apostolique des avantages certains en renommée,
puissance et revenus ! Or Bède affirme que l'Aréopagite a
été évêque de Corinthe : le fondateur ne serait donc pas le
compagnon de saint Paul ! En réalité l'abbaye doit son nom
au premier évêque de Paris, mort martyr en 270, avec le
prêtre Rustique et le diacre Eleuthère, sur le Mont des Martyrs (Montmartre). La chapelle où il est enterré devient le
centre d'un monastère que Dagobert agrandit et où il
construit une église dans laquelle il sera à son tour enseveli.
Saint-Denis sera désormais le lieu de sépulture des rois de
France.

87. Louis VI, qui a été formé à Saint-Denis, est très lié à
cette abbaye, sépulture des rois de France (même si son
propre père a préféré être enseveli à Fleury-sur-Loire),
centre religieux traditionnel puisque l'emplacement choisi
pour commémorer le martyr chrétien est le sanctuaire gau-
lois où s'élisait le Grand druide, la Montjoie. Plus tard le roi
va s'appuyer sur cette abbaye pour retrouver le prestige de
la couronne, bien entamé après la défaite de 1119 devant
Henri Iᵉʳ d'Angleterre : avec l'aide de Suger, abbé en 1122, il
va pouvoir « lever l'oriflamme » et réunir tous les grands du
royaume dès 1124.

88. Thibaud II de Champagne, comte de Blois et de
Chartres (1090-1152). Petit-fils de Guillaume le Conqué-
rant, homme cultivé et dévot, il avait songé à prendre
l'habit. C'est un de ces grands vassaux qui peuvent tenir tête
au roi. Envers Abélard, qu'il estime, il se montrera un allié
fidèle.

89. Le prieuré de Saint-Ayoul, à Provins, fondé en 1088. Abélard profite de cette période pour tenter de résoudre le conflit qui l'oppose à Adam. Il lui écrira : « Beaucoup opposent à la vraie doctrine que nous professons concernant Denys l'Aréopagite l'autorité du seul Bède, et, par malice — à moins que ce ne soit par ignorance — rejettent des autorités qui sont en notre faveur et qui ont plus de poids. Bède, il est vrai, dit que Denys l'Aréopagite fut évêque de Corinthe, mais d'autres dont l'autorité est beaucoup plus forte établissent, au contraire, qu'il fut évêque d'Athènes, et prouvent de manière irréfutable que Denys l'Aréopagite et Denys évêque de Corinthe sont deux personnages absolument distincts. Citons donc les déclarations des uns et des autres, et examinons s'il y a, entre elles, non seulement diversité, mais opposition réelle et contradiction. » Et Abélard conclut à l'existence de deux Denys différents qui ont été à deux moments bien distincts évêques de Corinthe (cité par E. Jeauneau, « Pierre Abélard à Saint-Denis », in *Abélard en son temps*, 168).

90. Suger, élu en 1122. Il a la confiance du roi Louis VI, soutient la couronne, est désigné comme négociateur de traités avec le roi d'Angleterre. Choisi comme éducateur de Louis VII, il fut son principal conseiller après son avènement en 1137, régent du royaume pendant que le roi était à la croisade. Habile gestionnaire de son abbaye il comprit l'intérêt de ne pas s'aliéner saint Bernard, lui donna des gages en parlant d'entreprendre la réforme du monastère, réussit à tripler ses revenus et put ainsi engager les travaux de la basilique.

91. Etienne de Garlande. Cf. l'introduction.

92. A 5 km au sud-est de Nogent-sur-Seine.

93. Cet éloge du « désert » est curieux venant d'Abélard, un homme de la ville, mais ne se confond pas avec les critiques de la ville, lieu de perdition, très fréquentes chez les moines de l'époque. Abélard ne peut adhérer à une conception qui rejette la culture intellectuelle et prône la connaissance tirée de la fréquentation de la nature, du grand livre du monde, où l'on pourrait lire les œuvres de Dieu et le connaître au mieux. Contre les écoles urbaines où l'on « discute publiquement des mystères de la divinité », au risque du scandale et du blasphème, Bernard de Clairvaux tonnera : « Fuyez du milieu de Babylone, fuyez et sauvez vos âmes... Vous trouverez bien plus dans les forêts que dans les livres... Les bois et les pierres vous apprendront plus que n'importe quel maître. » Cf. Pierre de Celles : « O Paris, que

tu sais ravir et décevoir les âmes ! Chez toi, les filets du vice, les pièges du mal, les flèches de l'enfer perdent les cœurs des innocents... Heureuse école au contraire que celle où c'est le Christ qui enseigne à nos cœurs la parole de sa sagesse, où, sans travail ni cours, nous apprenons la méthode de la vie éternelle ! On n'y achète pas de livre, on n'y paie pas de professeur d'écriture, là nul lacis de disputes, nulle intrication de sophismes, la solution de tous les problèmes y est simple, on y apprend les raisons de tout » (cité par J.-P. Letort-Trégaro). Cf. J. Verger, « Abélard et les milieux sociaux de son temps », *Abélard en son temps*, 107-131.

94. Ch. VIII, PL 23, 311-2.

95. Cf. IV *Rois*, VI,1-2.

96. Ep. CXXV, 7 ; PL 22, 1076A.

97. Cf. *Rom.*, VIII, 28 : « Nous savons qu'avec ceux qui L'aiment, Dieu collabore en tout pour leur bien. »

98. Jérôme, *Questions sur la Genèse*, PL 23, 984A. Quint., *Déclamations*, XIII,2.

99. Cf. *Luc*, XVI, 3, où l'intendant infidèle que son maître renvoie se demande : « Que vais-je faire ? Piocher ? Je n'en ai pas la force ! Mendier ? J'aurais honte ! »

100. La vie au Paraclet avec cette foule d'étudiants n'a pas toujours été idyllique. Un jour, « le valet d'Abélard l'ayant averti de quelques désordres secrets de ses écoliers, il en fut indigné au point de vouloir entièrement cesser ses leçons. Ni les prières ni les larmes de cette jeunesse ne purent le fléchir que sous la condition d'abandonner les logements qu'ils s'étaient faits au Paraclet, pour aller demeurer au village de Quinçai qui n'en est pas éloigné ». Hilaire, un Anglais venu suivre les cours d'Abélard, a vécu les faits, vers 1125, et en tire un poème (après le départ d'Abélard pour Saint-Gildas, Hilaire ira poursuivre ses études à Angers) : « La langue d'un serviteur, langue perfide... a soulevé contre nous la colère de Pierre... Maudit soit le rustre par qui le clerc est privé de son école... Quelle dureté si notre maître nous prive de nos cours..., quelle cruelle annonce que de nous dire : frères, partez, et vite ! Allez habiter à Quinçai... Pourquoi hésites-tu, Hilaire ? Pourquoi ne pars-tu pas habiter au village ? C'est que les jours sont brefs, la route longue, et toi bien lourd ! Nous étions venus nombreux, de diverses régions, vers la source de la logique... et ce que nous avons cherché ici nous est refusé. Considère notre tristesse, maître... Sinon ce lieu devra s'appeler non un oratoire, mais un ploratoire. Refrain : Tort a envers nous le maître ! » (PL 178, 1851-1852, 1855-1856.)

101. Cf. Ovide, *Métam.*, III, 359.

102. On pense généralement qu'il s'agit de Norbert de Xanten, qui avait relevé la vie des chanoines réguliers, fondant l'ordre des Prémontrés, et de Bernard de Clairvaux, qui avait réformé la vie monastique, deux religieux fanatiques et intégristes. Mais J. T. Muckle remarque que nous n'avons aucun sermon ni aucun autre texte de saint Norbert attaquant Abélard. Et que les critiques de saint Bernard contre Abélard, elles, datent toutes d'après 1135, donc d'une époque où l'*Histoire de mes malheurs* était déjà écrite. D'ailleurs, avant 1139 où il reçoit une lettre de Guillaume de Saint-Thierry attirant son attention sur les erreurs propagées par Abélard et sur la gravité d'un silence qui ne pourrait être que complice, saint Bernard ne connaît pas bien les idées du philosophe. (Cf. *Mediaeval Studies*, 12 (1950), 212-213.)

103. Dans le monde musulman, les « gens du Livre », ceux qui se réfèrent à la Bible — juifs et chrétiens — bénéficient d'un statut particulier qui leur permet de pratiquer librement leur religion en payant un impôt spécial.

104. Abélard est élu abbé en 1125. La presqu'île de Rhuys, au sud de Vannes, ferme le golfe du Morbihan. Saint-Gildas est sur la côte Atlantique. Le monastère est fondé au VIᵉ siècle par saint Gildas, l'église abbatiale date du XIᵉ siècle. Le chevet roman et le chœur visibles aujourd'hui sont les mêmes qu'à l'époque d'Abélard. Après avoir été prospère sous Charlemagne, le monastère est ruiné par les Normands et n'est restauré, matériellement et spirituellement, qu'au XIᵉ siècle avec saint Félix, un moine envoyé dans ce but de Fleury-sur-Loire, sur la demande du duc de Bretagne.

105. Au début du XIIᵉ siècle, dans de nombreux centres, les juifs sont soumis arbitrairement à des taxes levées par les autorités quand le besoin d'argent se fait sentir.

106. J. Verger suggère qu'Abélard a peut-être été appelé par le duc de Bretagne et comte de Nantes, Conan III, comme saint Félix au siècle précédent (cf. note 101), pour réformer Saint-Gildas après sa réussite au Paraclet (« Abélard et les milieux sociaux de son temps », in *Abélard en son temps*, 127, n.5). Conan III semble s'être soucié de réformer la vie religieuse sur ses terres : en 1130-1132 il écrit au pape Innocent II qu'il a donné à Marmoutier quatre églises de Nantes pour que les moines servent Dieu « là où trop longtemps s'étaient trouvés des clercs à la vie scandaleuse (R. H. Bautier, article cité, 66, n.1). Le comte assiste aussi à

l'assemblée où Abélard tente de soumettre ses moines rebelles en présence des évêques.

107. L'abbaye de Saint-Denis savait fabriquer de faux documents pour appuyer ses revendications. Suger affirme, preuves à l'appui, que le monastère d'Argenteuil appartient à son abbaye depuis Pépin, et profite de quelque trouble dans la vie des religieuses pour obtenir du pape Honorius II et du roi Louis VI la restitution de l'établissement. Après un an de tractations il en chasse les religieuses, qui se dispersent. Voilà comment Suger présente l'affaire : « Ayant eu connaissance de la justice de notre cause au sujet du monastère d'Argenteuil, que déshonorait la déplorable conduite des jeunes religieuses, ayant recueilli le témoignage non seulement de son légat Mathieu, évêque d'Albano, mais encore de nos seigneurs les évêques de Chartres, de Paris, de Soissons, de l'archevêque de Reims, Renaud, et de diverses personnes, ayant en outre lu de près les préceptes des anciens rois Pépin, Charlemagne, Louis le Pieux et autres, relatifs à notre droit sur le lieu en question et à lui présentés par nos messagers, le pontife se conforma au conseil unanime de la curie, tant en raison de la justice de notre cause que du scandale choquant donné par les religieuses : il restitua à Saint-Denis ce monastère et lui en confirma la possession », in *Vie de Louis VI le Gros*, éd. H. Waquet, Les Belles Lettres, 1964, ch. XXVII.

108. Bulle du 23 novembre 1131. Au total, treize bulles papales et un peu plus de chartes de rois, d'évêques et de grands seigneurs montrent l'importance accordée au monastère d'Héloïse par les responsables de l'époque. Le rayonnement de l'établissement fut tel qu'il y eut six monastères créés pour accueillir les postulantes du vivant d'Héloïse.

109. Héloïse entre dans la légende médiévale comme la « sage » : « tous ceux, contemporains immédiats ou non, qui ont parlé d'Héloïse au Moyen Âge, n'ont vu en elle que l'abbesse prudente, vertueuse et savante » (Ch. Charrier, II, 1, I). Cf. Villon : « Où est la très sage Héloïs », *Ballade des dames du temps jadis*.

110. Ep. XLV, 2; PL 22, 481, 484.

111. VI,8. Alors que cet exemple est repris sans hésitations par Ch. de Rémusat, E. Gilson ou M. de Gandillac, Origène lui-même a dû reconnaître son « erreur, en décrivant les incommodités et l'inutilité d'un remède qui porte le désordre dans le corps sans procurer à l'âme ni le repos ni la tranquillité » (cf. *Dictionnaire de Théologie catholique*, art.

Eunuques, 1250). Saint Jean Chrysostome déclare même que par ce moyen « la concupiscence, loin de s'apaiser, devient plus exigeante », et saint Epiphane que « c'est s'exposer à des passions plus violentes encore et non moins désordonnées » provoquées par la convoitise charnelle (*ibid.*, art. Mutilation, 2576 ; art. Eunuques, 1518). Le désir chez les eunuques était déjà noté dans la Bible : « Tel l'eunuque qui voudrait déflorer une jeune fille »... « Il est comme un eunuque qui étreint une vierge et soupire » (*Ecclésiastique* XX, 4 et XXX, 20). Sans oublier que si une castration opérée avant la puberté empêche la maturation sexuelle (cf. la voix des castrats), après la puberté érection et éjaculation (le sperme est simplement dépourvu des spermatozoïdes) sont possibles, comme le notait déjà Juvénal : « Il en est que ravissent les eunuques sans vigueur, et leurs baisers qui ne piquent pas : avec eux, point de barbe à redouter, point d'avortement à préparer. Et la volupté n'y perd rien, car elles ne les livrent au médecin qu'en pleine effervescence de jeunesse, quand leurs organes bien ombragés sont au point voulu de maturité... Quant aux enfants des trafiquants d'esclaves, c'est d'une impuissance authentique et lamentable qu'ils souffrent... » (*Satires*,VI). Les femmes romaines qui prenaient des eunuques pour amants étaient aussi la cible de Martial : « Pourquoi ta chère Caelia n'a-t-elle pour la servir que des eunuques ?... C'est que Caelia veut être besognée, mais elle ne veut pas d'enfant » (*Epigrammes*,VI,67). C'est pourquoi un Basile d'Ancyre, au IVᵉ siècle, conseille aux vierges d'éviter la fréquentation des eunuques : « De ceux en effet qui, après avoir atteint la virilité et l'âge où le membre génital est apte à la copulation, on dit qu'ils brûlent d'un désir plus aigu et sans retenue pour l'union sexuelle, et que non seulement ils ont cette ardeur, mais qu'encore ils souillent sans risque à ce qu'ils pensent, les femmes qu'ils rencontrent. » En 1900, la Grande Encyclopédie précisait : « ... les eunuques (auxquels) on enlevait les testicules, mais la verge restante pouvait encore entrer en érection, ce qui les faisait rechercher, eu égard aux conséquences peu compromettantes de ces relations ». Cf. Y. Ferroul, *Bienheureuse castration*.

112. Sermon CCCXXXV, PL 39, 1569A.

113. PL 40, 552-3.

114. Le texte grec comportant « gunaika », le sens original est l'affirmation du droit pour les apôtres d'emmener leurs épouses avec eux dans leurs déplacements missionnaires (emmener une sœur, c'est-à-dire une coreligionnaire

chrétienne, comme épouse). Le sens est gauchi quand saint Jérôme remplace *uxor* (épouse) par *mulier* (femme) pour suivre l'opinion du pape Siricius affirmant, en 385, que c'est un crime pour un prêtre de continuer à avoir des rapports conjugaux avec sa femme : Paul parlerait du droit d'emmener une coreligionnaire comme servante. A partir de 1592 une inversion des termes rendra plus clair le sens voulu : emmener une femme comme sœur pour se faire aider ! La Bible de Jérusalem traduit même : « N'avons-nous pas le droit de faire suivre une femme croyante, comme les autres apôtres ? », et insiste dans une note : « femme chrétienne qui s'occupait des besoins matériels des apôtres », traductions intéressantes de *gunaika* et de *uxor*. Cf. Uta Ranke-Heinemann, *Des eunuques pour le royaume des cieux*, Laffont, 1990, 47-8, et Hachette-Pluriels, 1992.

115. En réalité, réponse du cardinal Humbertus à un pamphlet d'un moine de Constantinople, Nicet, contre les latins : PL 143, 997D, 998A.

116. *Vita Malchi*, PL 23, 56A.

117. Cf. Abélard lui-même : « Si une femme mise au-dessus des hommes prend la domination, on peut dire que l'ordre du monde est renversé », in *Monita ad Astralabium*, cf. M.-B. Hauréau, *Le Poème adressé par Abélard à son fils Astrolabe*, Paris, 1895, 153-187.

118. Cf. saint Grégoire, *Dialogues*, II, 3 ; PL 66, 136A.

119. Abélard fait partie des autorités religieuses sur lesquelles s'appuie le comte, et est introduit dans son entourage. En 1128-1129, il souscrit avec des évêques et l'archevêque de Tours deux chartes de Conan III (J. Verger, article cité, 113, n.1).

120. On a depuis longtemps remarqué que les récits de vie antérieurs à Abélard avaient été rédigés dans des moments marqués par la mort. Quand Marc Aurèle écrit ses *Réflexions intimes* il a près de cinquante ans, et il joue, en se battant en Germanie, aussi bien sa santé que son avenir politique, au milieu d'intrigues impudentes. Quand Boèce travaille à sa *Consolation de la Philosophie*, il est en prison, condamné à mort, attendant son exécution. Guibert de Nogent écrit parce que le temps presse, qu'il a atteint la soixantaine, mais pas la sérénité, qu'il a besoin de se rappeler son parcours devant une vie toujours pleine de tensions. Et saint Augustin défend sa carrière d'évêque à un moment où ses détracteurs sont particulièrement virulents : ses *Confessions* sont un plaidoyer en sa faveur ! Tous essaient de comprendre par une relecture du passé comment ils en sont

arrivés à la situation catastrophique du moment, et se justifient par avance de leurs éventuels choix à venir. Abélard est donc bien en train de préparer les esprits à l'abandon de son poste de père abbé afin de reprendre son activité d'enseignant. Or un tel abandon est une action très grave, qui peut valoir l'excommunication. Elle nécessite beaucoup de précautions en plus de sérieux garants. Cf. saint Augustin, *Confessions*, édition par P. de Labriolle, Belles Lettres, Paris, 1961, VIII-X ; Y. Ferroul, *Devenir adulte : l'exemple de Guibert de Nogent*, Cahiers du C.R.I.S.I.M.A., 1, 1993, 157.

121. Cic.,*Tusc.*, V, 21.
122. Ep. LII, 13 ; PL 22, 537.
123. Ep. XLV, 6 ; PL 22, 482.
124. Ep. XIV, 4 ; PL 22, 349.

LETTRE II

125. Cf. *Prov.*, V, 4 : « amer comme l'absinthe ».
126. Cf. Horace, *Odes* I, 3, 18.
127. Cf. Cic., *Ire Cat.*, VIII, 21 : « cum tacent, clamant » ; Cf. *Luc* XIX, 40 : « Je vous le dis, si eux se taisent, les pierres crieront. » Cf. *Hist.*, note 25.
128. Cf. *Rom.*, XV, 20 où Paul dit ne pas être allé en mission là où la religion chrétienne était connue « pour ne pas bâtir sur des fondations posées par autrui ».
129. Cf. *Jérémie* II, 21.
130. Héloïse rappelle à Abélard que, quand il était là au Paraclet lors de la donation et de la mise en place des moniales, il a évité le tête-à-tête avec sa femme qui désirait pourtant son réconfort. Elle lui reproche « d'avoir manqué à sa mission de fondateur de monastère en négligeant sa fonction de directeur de conscience, et de n'avoir jamais réparé sa négligence... Soit que les problèmes matériels aient alors chassé toute autre préoccupation, soit qu'il ait éprouvé quelque gêne à s'imposer comme directeur de conscience à une femme dont il avait imposé déjà l'entrée au couvent, soit simplement en raison de l'admiration totale qu'il éprouve alors pour Héloïse..., soit enfin parce que leurs entretiens de direction spirituelle n'auraient pu être ni publics ni privés... » (Gilson, 192-207.)
131. Roscelin écrira à Abélard : « les moines de ton couvent m'ont dit que le soir, rentrant de tes cours, tu volais rejoindre ta putain dont tu rémunérais la débauche passée par l'argent gagné à enseigner », PL 176, 370. Cf. *infra*, Annexe n° 1.

132. Cf. Platon, *Apologie de Socrate*, 33e, où il est cité parmi les « disciples » présents, et *Phédon*, 596. Sur sa vie et ses écrits, cf. Diogène Laërce II, c.7.

133. Cf. Cic., *De l'invention*, I, 31, 52, où Cicéron rapporte cette anecdote comme exemple de raisonnement par induction.

134. La musique (théorie, composition, jeu d'un instrument) fait partie de l'enseignement de base.

135. Cf. *Jean* I, 16.

LETTRE III

136. Héloïse a été moniale puis prieure à Argenteuil; au Paraclet, elle a été la première abbesse, de 1130 à 1164. Sur la tactique d'Abélard en tant que directeur de conscience, cf. P. von Moss, « Le silence d'Héloïse », *Pierre Abélard, Pierre le Vénérable*, 444-449.

137. Latin *psalterium* : instrument de musique; puis : chant accompagné de cet instrument, notamment les Psaumes; vers chantés en alternance. Il s'agit ici de la prière qui termine la lettre.

138. *Homélies sur l'Evangile*, II, 38, 16; PL 76, 1292B.

139. I *Rois* XVII, 17-24; II *Rois* IV, 20-37.

140. Cf. *Marc* XV,1; *Luc* XXIII, 55.

141. Ce n'est pas une citation de la Bible, mais du bréviaire romain (*Benedictus* du Samedi saint).

LETTRE IV

142. Cf. Horace, *Chansons*, I, 3, 18.

143. Cf. *Daniel* IV, 32.

144. Cf. *Job* III, 5.

145. Cf., à côté de la mythologie gréco-romaine : *Ps.*, LXIV, 8 : « Dieu leur a tiré une flèche »; XXXVIII, 3 : « En moi tes flèches ont pénétré. »

146. *Ps.* XXXVIII, 4 : « Sur moi ta main s'est abattue. »

147. *Juges* XIII, 3-7, XVI, 4-30.

148. *Moralia* IX, 43; PL 75, 896C.

149. *De Pœnitentia*, II, 10; PL 16, 542A.

150. Le ton est celui de la confidence de Guibert (cf. note 75) et pas du tout celui de saint Augustin, qui est pour-

tant dans la même situation qu'Héloïse (il a vécu en concubinage plusieurs années et en a gardé des souvenirs sexuels), mais réagit de manière inquiète : « Dans ma mémoire, les images du passé restent vivantes, fixées par les habitudes que j'avais. Elles m'assaillent : dépouillées de leur énergie pendant la veille, elles vont, durant le sommeil, jusqu'à susciter non seulement la délectation, mais aussi le consentement et la réplique exacte des faits. Puissance de l'image avec ses jeux trompeurs sur mon esprit et sur ma chair : de fausses visions m'amènent, quand je dors, où les vraies ne peuvent quand je veille. Je ne suis donc plus moi, Seigneur mon Dieu ? » (*Confessions*, X.) Cf. *infra*, Foulques, Annexe n° 2, et l'introduction (S. de Beauvoir).

151. Mais aussi par l'examen de produits internes extériorisés : urine, selles, humeurs diverses. Cette remarque d'Héloïse ne contredit pas la théorie ni la pratique médicales depuis Hippocrate, pour qui examiner l'aspect du malade était capital. Cf. Hippocrate, *Épidémies*, I, III, 10 ; Galien, *De la méthode thérapeutique*, I, 1. Mais ce ne pouvait être le seul élément diagnostique. Cf. Platon, *Phèdre*, 268b, 270b-c-d.

152. Cf. *Ecclésiastique* XI, 28.

153. *Adv. Vigilantium* XVI ; PL 23, 367B.

LETTRE V

154. *Ep.* XXII, 2 ; PL 22, 395.

155. Le texte de ce psaume d'épithalame royal dit exactement, s'adressant au roi : « (10) Parmi tes bien-aimées sont des filles de roi ; à ta droite une reine, sous les ors d'Ophir... (15) On amène les compagnes qui lui sont destinées ; (16) parmi joie et liesse, elles entrent au palais ».

156. Cf. *Matt.*, XXVII, 61 ; *Luc* XXIII, 27.

157. Cf. Aristote, *De animalibus*, 3, 9 qui dit aussi que les os et les dents des Ethiopiens sont blancs.

158. Déjà dans la citation du *Cantique des Cantiques* ci-dessus Abélard manipulait le texte, intervertissant les versets malgré les vers qui les séparent, et les liant par un « c'est pourquoi » (*ideo*) inventé pour les besoins de la cause. Ici, le texte de la Genèse est tiré du passage où Jacob réunit ses fils et les bénit. Parlant de Juda, « ce jeune lion », il conclut : « ses yeux sont troubles de vin, ses dents sont blanches de lait ». Il ne s'agit pas du tout d'une louange de l'Epoux à l'épouse. Et que dire du vers qui précède !

159. Tel est bien le sens allégorique du *Cantique des Can-*

tiques : « je suis noire... le soleil m'a brûlée ; les fils de ma
mère se sont emportés contre moi... ». Cf. Job dans sa
détresse : « Ma peau sur moi s'est noircie... » (XXX, 30).
Les *Lamentations* disent aussi qu'avant les épreuves « les
jeunes gens étaient plus éclatants que neige, plus blancs que
lait... », mais qu'après « leur visage est plus sombre que le
noir... » (IV, 7 et 8).

160. *Vita Pauli primi Eremitæ*, 5 ; PL 23, 21A.

161. Cf. *Hom. in Lucam*, 40, 16 ; PL 76, 1035B.

162. *De baptisma contra Don.*, 3, 6, 9 ; PL 43, 143 et 220.

163. *Ep.* 22, 24 ; PL 22, 410.

164. Cf. *Ep.* 22, 27 ; PL 22, 413.

165. Cf. *Ps.*, LXVI, 16 : « Venez, écoutez, les craignant-
Dieu, que je raconte ce qu'il fit pour mon âme. »

166. « Toutes les fêtes chrétiennes, et d'autre part toutes
les périodes de jeûne, de pénitence ou de préparation à une
fête, devaient être aussi, pour les conjoints, des temps de
continence », J.-L. Flandrin, *Un temps pour embrasser, Aux
origines de la morale sexuelle occidentale* (vr²-xr² siècles), Seuil,
1983. Pour Abélard, la faute est de ne pas respecter les
interdits, et non d'avoir des rapports conjugaux. A
l'encontre de la doctrine augustinienne du plaisir sexuel
comme conséquence et châtiment du péché originel, il
affirme : « On n'a pas le droit de qualifier de péché un plaisir
naturel, ni de parler de faute quand quelqu'un jouit d'un
plaisir qu'il ne peut s'empêcher de ressentir. Car du premier
jour de notre création, alors que l'homme vivait sans péché
au paradis », le rapport conjugal et la dégustation de plats
délectables ont toujours été nécessairement accompagnés
d'une sensation agréable. C'est Dieu lui-même qui a fait
ainsi la nature (Ethique 3) (cf. U. Ranke, *op. cit.*, 193).

167. « La violence est agréable aux femmes » disait déjà
Ovide, qui conseillait de forcer les résistances, car : « une
femme prise de force brusquement par un vol amoureux
s'en réjouit... Phébé fut violée ; sa sœur fut victime d'un viol ;
l'une et l'autre n'en aimèrent pas moins celui qui les avait
prises », *Art d'aimer*, I. On n'est plus ici dans le jeu amoureux évoqué dans l'*Histoire de mes malheurs*.

168. Eusèbe, *Hist.Eccl.*, 6, 7.

169. Cf. *Rom.*, X, 2 : « Ils ont du zèle pour Dieu, mais
c'est un zèle mal éclairé. » Pour une réflexion sur le cas
d'Origène, cf. la note 111.

170. Héloïse était en Bretagne, Fulbert ne décolérait pas.
Le seul moyen pour Abélard de retrouver une intimité avec
Héloïse était de l'épouser. Cf. E. Gilson.

171. Héloïse donne bien l'image d'une femme qui a le « goût des voluptés charnelles », mais elle est aussi la femme d'un seul homme, comme tout l'indique. La suspicion d'Abélard (laissée à elle-même son amante aurait eu d'autres aventures) n'est fondée sur aucun élément dont nous disposons. Mais pour un homme (du XIIe siècle ?) la lubricité féminine est sans limite.

172. Cf. I *Rois*, XI, 1-13.

173. Cf. *Actes* XXVI, 14.

174. Origine ? *Nahum*, I, 9 : « Quelle idée vous faites-vous de Yahvé ? C'est lui qui réduit à néant ; l'oppression ne se lèvera pas deux fois » semble signifier qu'en une fois Dieu aura éliminé ses adversaires. I, 12 : « si je t'ai humiliée, je ne t'humilierai plus désormais » paraît plus adéquat.

175. A rapprocher de *Luc* XXIII, 27, 55. En fait, c'est une citation du *Benedictus* du samedi Saint, dans le bréviaire romain.

176. Cf. *Isaïe*, 53, 6 : « Yahvé a fait retomber sur lui les crimes de nous tous » ; II *Cor.*, V, 21 : « Celui qui n'avait pas connu le péché, il l'a fait péché pour nous, afin qu'en lui nous devenions justice de Dieu. »

177. Cf. *Ps.*, XXVI, 2 : « Scrute-moi, Yahvé, éprouve-moi, passe au feu mes reins et mon cœur. »

178. Cf. I *Cor.*, X, 13.

DOSSIER

ANNEXE N° 1

La dispute entre Roscelin et Abélard.

Quand Abélard écrit son traité de théologie *De l'Unité et de la Trinité divine*, en 1120, il n'est pas original, puisque tout auteur de spiritualité à l'époque réfléchit sur le problème du dogme de la Trinité. Mais la méthode d'Abélard inquiète, et ses « rivaux » l'attaquent (c'est-à-dire qu'ils critiquent ses thèses !). Abélard trouve alors judicieux de les devancer auprès des autorités, et dénonce Roscelin dans une lettre à l'évêque de Paris, Gilbert :

« Quelques-uns de nos disciples sont venus nous rapporter que ce vieil ennemi de la foi catholique, dont l'hérésie détestable selon laquelle il y aurait trois dieux a été démontrée par les pères réunis au concile de Soissons [celui de 1093]... vomit sur moi injures et menaces à cause d'un opuscule composé par moi sur la foi en la sainte Trinité, qui a été écrit principalement contre l'hérésie dont il s'est rendu coupable. L'un de nos condisciples nous a, d'autre part, fait savoir... qu'il attendait votre retour pour vous dénoncer certaines hérésies que j'aurais exposées dans cet opuscule ; et ainsi, il tenterait de vous prévenir contre moi comme il s'efforce de le faire avec tout le monde. S'il en est ainsi..., nous vous demandons à vous tous, champions du Seigneur et défenseurs de la foi, que vous décidiez d'un lieu et d'un endroit convenables pour m'y convoquer en même temps que lui et, devant des personnes recommandables et catholiques, que vous aurez choisies, soit entendu ce qu'il me reproche en secret et derrière moi, et que cela soit soumis à leur jugement éclairé (de façon que l'on sache) ou bien s'il me charge à tort d'une telle accusation, ou bien si c'est moi qui suis capable d'avoir osé écrire de telles choses...

« Cet homme a osé écrire une lettre diffamatoire contre l'éminent héraut du Christ, Robert d'Arbrissel, et il se rendit à ce point odieux contre le magnifique docteur de l'Eglise, Anselme, archevêque de Cantorbéry, que, réfugié auprès du roi d'Angleterre, l'impudent s'est fait expulser honteusement de ce pays; c'est tout juste s'il n'y perdit la vie. Ce qu'il veut, c'est avoir un compagnon d'infamie, pour que sa propre infamie se console en voyant celle des gens de bien. » (Cité par R. Pernoud, 104-105, 107-108.)

Le ton est donné. Abélard n'aura pas de réaction de l'autorité dans l'immédiat, mais suscitera une réponse où Roscelin perd toute mesure. Pour commencer, ce dernier reproche à Abélard de ne pas être sensible à la douceur de la religion chrétienne, d'oublier sa condition monacale comme ses maîtres, d'employer sa langue comme un glaive contre la paix fraternelle. Or il est écrit : « Quand ton frère a commis une faute contre toi, corrige-le dans le secret du tête-à-tête. Ce n'est que s'il ne t'écoute pas que tu produis des témoins, et s'il persiste, que tu rends l'affaire publique devant toute l'Eglise. » (*Mtt.*, XVIII, 15.) Pourtant, dit-il, Abélard, de rage, est passé directement à la troisième solution et a souillé le nom de son confrère en le calomniant :

« Tu as envoyé une lettre débordant de critiques contre moi, fétide des immondices qu'elle contient, et tu dépeins ma personne couverte des taches de l'infamie comme des taches décolorées de la lèpre. Rien d'étonnant si tu te livres à de furieux transports dans tes propos honteux contre l'Eglise, toi qui t'opposes si violemment par la qualité de ta vie à cette sainte Eglise. Cependant j'ai décidé d'ignorer ta présomption car tu n'agis pas ainsi après réflexion, mais poussé par l'immensité de ta douleur. Et de même que le dommage subi par ton corps et dont tu te lamentes est irréparable, de même la douleur par laquelle tu t'opposes à moi est inconsolable. Mais tu dois craindre la justice divine : la queue de ton impureté, avec laquelle auparavant, tant que tu en avais la possibilité, tu piquais sans discernement, t'a été à bon droit coupée ; prends garde que ta langue, par laquelle tu piques actuellement, ne te soit pareillement enlevée. Avant, en piquant de la queue, tu ressemblais à une abeille, tandis que maintenant tu piques de la langue et ressembles au serpent. »

Roscelin se défendra contre les accusations d'Abélard en affirmant s'être trompé, mais n'avoir jamais persisté dans l'erreur, seul comportement condamnable d'après saint Augustin. Il reconnaît aussi avoir attaqué Anselme de Cantorbéry et Robert d'Arbrissel, mais il expose ses motifs. Quant à ses idées sur la Trinité, il les explique à nouveau pour éliminer les risques d'incompréhension et de mauvaise interprétation.

Il en vient alors, après la défense de ses idées, à attaquer la personne même d'Abélard :

« Tu as passé beaucoup de temps au récit mensonger de ma diffamation, tu l'as toi-même peinte par ignorance, comme un homme ivre qui prolonge autant qu'il peut les délices d'un festin. Puisque tu t'es rassasié comme un porc dans les immondices et la merde de ma diffamation, moi, à mon tour, non en mordant avec la dent de la haine, ni en frappant avec le bâton de la vengeance, mais en souriant des aboiements de ta lettre, je discuterai des nouveautés inouïes de ta vie et je démontrerai à quelle ignominie tu es abaissé à cause de ton impureté. Vraiment, il n'est pas nécessaire pour t'outrager d'imaginer des faits, selon ta façon d'agir, il suffit de répéter ce qui est bien connu de Dan à Bersabée. Ta déchéance est tellement manifeste que, même si ma langue la taisait, elle parlerait d'elle-même.

« J'ai vu qu'un clerc parisien, Fulbert, t'a reçu comme hôte dans sa maison ; qu'il t'a nourri à sa table comme un ami, un membre de la famille, avec honneur ; et qu'il t'a confié sa nièce, une jeune fille d'une parfaite sagesse, remarquable par ses qualités natu-

relles, afin que tu l'instruises. Toi, en vérité, tu n'as
pas seulement oublié de penser à cet homme estimé,
ce clerc, chanoine de l'Eglise de Paris, ton hôte en
plus, ton maître qui avait accédé à tes besoins avec
complaisance et déférence : tu l'as méprisé. Car tu
n'as pas respecté la vierge qu'il t'avait confiée, que tu
aurais dû conserver comme elle t'avait été confiée,
instruire comme disciple. Agité par le souffle de la
luxure, tu n'as pas étudié avec elle le raisonnement,
mais tu lui as appris la fornication. En un seul acte, tu
as commis de multiples crimes : tu es accusé de trahison et de fornication, d'être le violeur le plus
immonde de la pudeur d'une vierge. Mais le Dieu des
vengeances a agi avec libéralité en te privant seulement de la partie avec laquelle tu avais péché. Car
celui qui est enseveli aux enfers riche de la partie du
corps avec laquelle il a péché, brûle davantage, et
réclame ne serait-ce qu'une goutte d'eau pour rafraî-
chir sa langue.

« Angoissé par la douleur de cette si honteuse blessure, et poussé par la crainte d'un mort imminente, vu
la laideur de ta vie antérieure, tu as changé d'habit et
tu es devenu presque un moine. Mais écoute ce que
dit saint Grégoire de ceux qui se réfugient dans la religion par peur : "Qui fait le bien par peur ne s'éloigne
pas du mal parce qu'il commettrait le péché désiré s'il
le pouvait impunément." Ecoute aussi saint Augustin : "C'est sottement qu'il se croit vainqueur du
péché celui qui ne pèche pas par peur de la mort, car
même si extérieurement on ne voit pas à l'œuvre ce
désir de pécher, à l'intérieur, cependant, il reste
l'ennemi. Comment paraîtra-t-il innocent devant
Dieu celui qui accomplirait l'interdit si on ôtait ce qui
cause sa crainte ? On peut accuser de partager la
même disposition celui qui accomplirait volontiers ce
qui n'est pas permis, mais n'agit pas ainsi parce qu'il
ne le peut impunément..."

« Voyons maintenant, d'après le motif de ta conversion, la qualité de cette conversion. Dans le monastère
de Saint-Denis, tout est ordonné selon la faculté de

chacun, non tant par la sévérité de la règle que par la bonté d'un très sage abbé. Pourtant tu n'as pas supporté d'y demeurer, et tu as accepté de tes frères, sous couvert d'obéissance, un oratoire où tu pourrais t'abandonner à tes désirs et à tes plaisirs. Quand tu as considéré qu'il ne pouvait plus suffire à tes désirs débordants, tu en as choisi un autre parfaitement conforme à ta propre volonté, et tu en as pris possession avec l'accord de l'abbé et le consensus de tes frères. Là, pour ne pas parler de tout le reste, en partie par ignorance, en partie par orgueil, tu as transformé la vérité de la connaissance en plaisanteries pour la foule de barbares venus de toutes parts. Tu ne cesses pas d'enseigner ce qu'il ne faut pas, alors que tu n'aurais même pas dû avoir le droit d'enseigner ce qu'il faut. Et ramassant le salaire des mensonges que tu professes, tu ne le fais pas porter, non, tu l'apportes toi-même à ta putain, en récompense de votre débauche. Ce que tu donnais en paiement du plaisir attendu, tant que tu étais capable de plaisir, tu le donnes maintenant en cadeau, et tu pèches plus en rémunérant la débauche passée qu'en achetant celle à venir. Auparavant, tu t'épuisais en plaisirs, maintenant encore tu t'épuises en désirs ; mais grâce à Dieu, tu ne peux te prévaloir du besoin ! Ecoute l'opinion de saint Augustin : "Tu as voulu, mais tu n'as pas pu. Pourtant Dieu l'enregistre comme si tu avais fait ce que tu voulais." J'affirme, en prenant Dieu et les anges élus à témoins, que j'ai entendu des moines de ton couvent le raconter : lorsque le soir tu rentres au monastère ayant réuni l'argent venant des mensonges que tu enseignes, tu te précipites pour l'apporter à ta putain, foulant aux pieds toute pudeur, et tu rémunères impudemment la débauche passée.

« Tu as pris l'habit, et tu as usurpé la fonction de maître en enseignant des mensonges. Tu as cessé d'être un moine, car saint Jérôme, moine lui-même, le définit ainsi : "Le moine n'a pas la fonction d'enseignant mais de pleurant ; il doit pleurer le monde, et, tremblant, attendre l'arrivée du Seigneur." Mais le rejet de ta condition de clerc atténue la conviction que tu en es un, et tu es encore moins un laïc, ce que la vue de ta tonsure prouve suffisamment. Si donc tu n'es ni clerc, ni laïc, ni moine, je ne sais pas trouver de quel nom te désigner. Mais peut-être, par habitude, tu mentiras en affirmant que l'on peut t'appeler Pierre. Or je suis certain qu'un nom du genre masculin ne peut conserver sa signification habituelle s'il est détaché de son genre. Car les noms propres perdent leur sens s'il arrive qu'ils s'éloignent de leur perfection. Ainsi on ne peut parler de maison si on ôte le toit ou le mur, mais de maison incomplète : la partie qui fait l'homme t'ayant été enlevée, tu dois être appelé, non Pierre, mais Pierre l'incomplet.

« Le comble à l'ignominie de l'homme incomplet est atteint par le sceau avec lequel tu as scellé ta fétide lettre : tu l'as choisi portant la figuration de deux têtes, une d'homme, l'autre de femme ! Et qui peut douter qu'il brûle encore d'amour pour une femme celui qui ne rougit pas de l'honorer par l'union de leurs têtes ?

« J'avais décidé de dire encore beaucoup de vérités manifestes, à ta honte ; mais puisque j'agis contre un homme incomplet, je vais laisser incomplet ce que j'avais commencé ! »

ANNEXE N° 2

Lettre de Foulques, prieur de Deuil,
à Pierre Abélard

A Pierre qui grâce à Dieu porte maintenant le capuchon, son frère Foulques, en consolation pour cette vie et pour celle à venir.

Celui qui pense échapper aux périls de la vie du siècle sans problème ne me paraît pas moins insensé que le fou qui se prend pour un sage. Il se drape dans l'erreur et la sottise, et cela le sage le comprend lumineusement, sans qu'il soit besoin de démonstration. Certains se promettent de demeurer longtemps dans le bonheur, alors que celui-ci est instable et que nous sommes le jouet du hasard. Ce projet est irrationnel, les variations du bonheur le montrent bien, et l'on ne peut se fier en lui : la stabilité qui dure n'est pas pour les humains. Chaque jour la vie d'un homme peut s'effondrer et empirer ; et le bonheur, agréable mais trompeur, suscite fréquemment les coups de l'adversité. Cependant les malheureux humains, familiers de ce monde et l'aimant passionnément, négligent d'attendre la fin des événements et, même submergés de multiples dangers, ils se laissent séduire par le moindre bonheur, et l'estiment un don de la Providence. Mais quand l'adversité frappe, soit elle précipite dans le désespoir, soit elle élève en faisant tirer profit du châtiment : et là enfin, on sait ce qu'est l'homme. Pour les désespérés, pour ceux qui ne se repentent pas, ni dans ce siècle ni dans l'autre il n'y a de soulagement ou de rémission : « mais c'est à ceux qui ont mis leur espoir en Dieu que la miséricorde sera donnée » (*Ps.*, XXXVII, 16).

Il y a peu, la gloire du monde te flattait avec une extrême largesse et ne te permettait pas de comprendre ta dépendance envers les aléas de la Fortune. Rome t'envoyait ses élèves à instruire, et elle, qui autrefois infusait à ses auditeurs la science de toutes les disciplines, faisait la démonstration, en te confiant avec intelligence ses étudiants, que tu étais encore plus intelligent qu'elle. Ni l'éloignement, ni la hauteur des sommets, ni la profondeur des vallées, ni la difficulté des routes, remplies de dangers et de brigands, ne pouvait les retenir de se précipiter vers toi. La mer qui s'interpose, et la tempête, terrifiante sur l'eau, ne terrorisait pas la foule des jeunes Anglais : ils méprisaient tous les périls et, une fois ton nom entendu, confluaient vers toi. La Bretagne lointaine t'adressait ses représentants afin que tu les formes. Les Angevins dominaient leur sauvagerie et te servaient. Poitevins, Gascons et Ibères, Normands, Flamands, Teutons et Suèves, tous désiraient se chauffer à ton intelligence, la louer et la célébrer sans relâche. J'oublie tous les habitants de la cité de Paris et ceux des Provinces de la Gaule, les plus proches comme les plus éloignées : ils étaient assoiffés d'apprendre à ta source, comme si aucun savoir ne pouvait être trouvé sinon auprès de toi. Bouleversés par la clarté de ton intelligence, la douceur de ton éloquence, la souplesse et la perfection de ta langue, sans compter la subtilité de ton savoir, ils accouraient vers toi comme vers la source la plus limpide de la philosophie.

Ce qui a amené ta ruine, dit-on, cet amour de toutes les femmes, pour ainsi dire, les lacs du désir grâce auquel elles emprisonnent les débauchés, il vaut mieux pour moi le laisser de côté plutôt que d'être conduit à tenir des propos peu en harmonie avec notre ordre et notre profession de foi. D'autant que parler de tels sujets est plus souvent nuisible que profitable aux hommes de bien.

Cet afflux de dons sur ta seule personne t'avait

entraîné à l'orgueil, point de départ contagieux de tous les maux, quoique le sage, s'il n'éteint pas en lui le sens de ce mot, ne soit que peu troublé par ces qualités de l'esprit. Tu avais été mis en ébullition de la façon la plus folle et, t'offrant au vent de la jactance, tu estimais inférieurs à toi, au dire de ceux qui t'écoutaient souvent, presque tous les autres qui s'étaient avant toi appliqués à l'étude de la sagesse, même les saints. Mais l'attention et la bonté toute puissante de Dieu, qui fait se dissiper le vent de l'orgueil et multiplie la grâce de l'humilité; qui ne rabaisse pas en punissant en proportion de sa faute quiconque souffre de la maladie d'orgueil, et endure les autres maux de l'âme; ce Dieu, donc, a dompté l'enflure de ton esprit et la fierté de tes yeux, en ayant pitié de toi par ce genre de punition : puisque, à la fois, tu n'aurais plus cette confiance orgueilleuse en toi, et que tu cesserais de mépriser et de critiquer les autres hommes de bien; que tu brillerais par la sainteté de ta chasteté et que ton attachement à la continence t'attirerait la louange.

Cette petite partie de ton corps, que tu as perdue par la décision du Dieu tout puissant et grâce à son action bienfaitrice, combien elle t'avait nui et ne cessait de te nuire aussi longtemps qu'elle était là! Ta propre diminution te l'enseigne mieux que ma rhétorique ne le pourrait. Tout ce que tu pouvais acquérir en vendant ton savoir par tes cours, excepté la nourriture quotidienne et le strict nécessaire, tu ne cessais, on me l'a raconté, de l'engloutir dans le gouffre de l'impureté. L'avide rapacité des prostituées te volait absolument tout. Aucune époque n'a entendu dire qu'une prostituée a voulu avoir pitié de quelqu'un, ou a ménagé les biens de ses clients, leur laissant la possibilité de les sauver! Ta profonde pauvreté semblerait confirmer cette évidence, toi à qui, quand le malheur t'a frappé, il ne restait rien de toute cette richesse, à ce qu'on dit, excepté des hardes.

En ce moment, tu souffres du dommage causé à ton corps, et, selon la vanité du siècle, tu te crois peut-être, ou tu estimes qu'on te croit, amoindri : malheureuse estimation, et réflexion totalement irrationnelle ! Car si tu voulais examiner en vérité ce qui est juste et bon, dans la solitude de la méditation menée avec sérieux et fréquemment, tout amour-propre déposé, tu comprendrais la grandeur du profit que te procure cette mutilation de ces petites parties de ton corps.

D'abord tu as échappé aux nombreuses passions par lesquelles sont souvent troublés ceux qui n'ont pas subi une telle perte, et par quoi ne sont nullement soumis, comme l'affirment les médecins, ceux qui ont été privés de cette partie de leur corps, même s'ils estiment très stupidement être ainsi éloignés de toute félicité.

Puis tu ne supporteras plus aucune agression venant de l'ardeur du désir ou du poids de la luxure, maux qui touchent de temps en temps même les saints ; au pire, tu y penseras. Mais une fois éteinte la flamme funeste de l'incendie, il faut que tu reviennes à toi, et que tu rétablisses sur du solide ton esprit qui vagabondait à travers les multiples et douces folies de la luxure. Tu pourras, libre, aucun désir ne te retenant, connaître toutes les voies de la raison, ainsi que les questions que perçoivent peu ou pas du tout ceux qui sont absorbés par les incitations variées du plaisir. Ajoute que ton argent, s'il t'est permis d'en avoir (car sans permission un moine ne peut rien posséder en propre), ne sera pas exposé aux dissipateurs. Tu commenceras enfin à posséder ce qui peu avant t'était enlevé par de nombreuses prodigalités.

Mais surtout tu dois estimer d'un grand prix de ne plus être suspect à quiconque, et, donc, d'être reçu en hôte de toute confiance par tout le monde. Le mari ne craindra pas de ta part l'outrage à son épouse, ni les martèlements de son lit. C'est avec la plus grande décence que tu pourras passer impunément au milieu d'une foule de femmes élégantes. Tu pourras admirer en toute sécurité et sans péché les chœurs de jeunes filles, resplendissantes dans la fleur de leur jeunesse, alors que leurs mouvements enflamment habituellement à l'ardeur du désir même des vieillards abandonnés par la chaleur de la chair, et tu ne craindras ni leur approche, ni leurs pièges. Les retraits secrets des sodomites, que la divine justice, dans sa vérité, déteste plus que tous les êtres les plus honteux, ainsi que leurs débauches et leurs fréquentations dégradantes, tu les as toujours eus en haine, mais il est juste que, dorénavant, tu y échappes continuellement. Et surtout, après cette énumération de nos plus fragiles points faibles, il est certain que tu ne ressentiras plus les illusions nocturnes des songes, ce que j'estime une grande faveur de la grâce divine dans notre état religieux ; de même qu'il est certain que, même si la volonté s'en manifeste, elle ne sera suivie d'aucun effet. Les cajoleries d'une épouse, le contact des corps, sans lequel on ne peut posséder son épouse, le souci singulier des enfants, rien ne t'entravera quand tu voudras plaire à Dieu. Quel grand bien, ne penses-tu pas, d'être soustrait au danger de pécher et d'être installé dans cette sécurité que donne l'impossibilité de le faire ! La voracité de lion que les prostituées montrent dès l'abord à ceux qui les fréquentent, l'astuce trompeuse du serpent, l'incontinence de leur séduisante luxure, tu pourras les éviter avec superbe. Quant au reste, tu connaîtras mieux ce que je dis par l'expérience des faits que par la valeur de mes paroles d'explication.

Le grand Origène, dont la haute sagesse est évoquée et honorée partout (excepté qu'il ne corrigea pas une erreur, et reporta même la faute sur un disciple d'Ambroise, à ce que raconte saint Jérôme, quand il projeta à contretemps des secrets en pleine lumière), cet Origène, disais-je, voulant éviter tout soupçon de luxure, se priva de lui-même de cette partie de son corps. Jean et Paul, Prote et Hyacinthe, et de nombreux autres glorieux martyrs, couronnés de gloire et d'honneur aux cieux en présence de Dieu, se sont réjouis en ces temps-là d'avoir été débarrassés de leurs organes génitaux. Et « bienheureux ceux qui se sont castrés pour le royaume de Dieu ! » Je pourrais proposer plusieurs autres exemples de ce type, mais ce qui a été dit suffit.

Donc, mon frère, ne te plains pas, ne t'attriste pas, ne sois pas agité du trouble de ce désagrément, surtout lorsqu'il t'apporte tant d'avantages, comme il a été dit, et que ce qui a été traité de cette façon demeure toujours irréparablement arraché. Console-toi devant l'impossibilité de retrouver l'intégrité naturelle, et tu pourras supporter plus facilement ton sort : « Emporte avec toi cette consolation » (Lucain, *Pharsale*, VI, 802), puisqu'au moment de cette amputation tu n'as pas été pris violant la couche des autres, ni en flagrant délit de fornication, ce poison. Tu avais confié tes membres au repos et au sommeil, tu ne te préparais pas à agresser quiconque, lorsque les mains de l'impiété et le fer fatal n'hésitèrent pas à faire couler pour rien ton sang innocent !

Le vénérable évêque de Paris, dans sa bonté, a plaint ta blessure et le dommage subi, et il s'est soucié de rendre justice dans la mesure de ses possibilités. Elle a poussé des plaintes, la multitude des chanoines généreux et des nobles clercs. Ils ont poussé des plaintes, tes concitoyens, jugeant cet acte déshonorant pour leur cité, et déplorant que leur ville soit souillée par l'effusion de ton sang. Et que dirais-je de la plainte de toutes les femmes qui, à la nouvelle, inondèrent leurs visages de larmes, selon l'habitude féminine, à cause de toi, leur chevalier qu'elles avaient perdu : comme si chacune avait perdu à la guerre son mari ou son amant ! Il y eut une si grande lamentation de la part de tout le monde qu'il me semble que tu aurais préféré avoir péri tout entier que d'avoir sauvé ce qui a disparu : un homme heureux ne sait pas qu'il est aimé, mais pour toi pratiquement toute la ville se morfond de ta douleur ! Tu as les gages du vrai amour en toi, et si tu l'avais su au préalable, à mon avis, tu n'aurais estimé aucune richesse digne de lui être comparée.

Mais peut-être que tu désires me répondre par cette parole du prophète : « mon âme ne veut pas être consolée » (*Ps.*, LXXX, 1, 3) ? *Touché par un si infamant désagrément, je ne peux pas ne pas être triste, puis-*

*que ce genre d'hommes rajeunit : très vite les joues sont
nues, perdent l'ornement des poils, la parure de la peau
sur le visage se tend et efface les rides, une pâleur inconve-
nante brouille les traits, si bien que ceux qui m'ont connu
quelque peu, dès qu'ils verront mon visage, sauront que je
suis mutilé de cette partie de mon corps. J'exigerai donc la
vengeance de mon affront, je m'efforcerai de faire
connaître aux oreilles romaines tout le poids du dommage
subi, et j'essaierai de jeter le désarroi autant que je le
pourrai chez mon évêque et ses chanoines : ils ont machiné
de modifier le jugement d'abord rendu à l'encontre de celui
qui est la cause de mon malheur! Il faut qu'ils
comprennent enfin combien il est contraire à l'honnêteté
d'avoir dévié de la rigueur de la justice.*

(Le passage qui suit n'est pas retranscrit dans la
Patrologie latine, avec cette note : « Foulques poursuit
en détournant Abélard d'aller à Rome, avec des arguments que des oreilles catholiques ne peuvent
entendre sans le plus grand scandale. La Curie
romaine est l'objet d'injures que les hérétiques et les
impies de notre temps reprennent à leur compte.
Nous n'avons pas hésité à expurger ce passage, trop
déplaisant pour la sainteté de l'Eglise comme pour nos
lecteurs ».)

Le pauvre parti, et complètement inutile! N'as-tu
jamais entendu parler de l'avarice et de l'impureté des
Romains? Qui a pu rassasier par ses richesses le
gouffre creusé par leurs courtisanes? Quelle bourse
peut suffire à leur cupidité? Tu dois plutôt être utile à
ton couvent que lui nuire, or tu lui nuirais si tu inten-
tais une action.

(Puis Foulques détaille son argumentation : la fortune d'Abélard, ou modique, ou nulle, ne suffira pas.
S'il sollicite le secours de ses parents, l'aide modeste
qu'ils pourront lui prêter ne lui servira à rien. S'il
emprunte de l'argent à son couvent, lui causant ainsi
un dommage immense, il faudra qu'il fasse la route. Si
son couvent lui refuse son concours et s'il entreprend
lui-même son voyage, il se sera épuisé en vain. Tous
ceux de ce temps qui se sont approchés, les mains

vides, du siège pontifical se sont éloignés, confus et réprouvés, leur cause perdue. Si, plein de hardiesse, il veut quand même exposer son cas, "il excitera la risée, il n'obtiendra pas la justice" », *cité par* Ch. Charrier, I).

Ton âme recherche et désire ardemment la vengeance, mais tu te plains de celle que tu as obtenue. Veuille ne pas te morfondre dans une douleur continuelle et t'apaiser, car déjà elle paraît accomplie en majeure partie. En effet ceux qui t'ont nui ont été mutilés par la privation des yeux et l'amputation des parties génitales. Et lui, qui nie être l'origine de tout, il a déjà été banni et dépossédé de tous ses biens. Ne qualifie pas les chanoines ou l'évêque de responsables de l'effusion ou de la perte de ton sang, eux qui pour toi comme pour eux ont tenté de rendre justice autant qu'ils le pouvaient. Mais écoute un bon conseil et la consolation d'un vrai ami : tu es un moine, et l'habit de ton couvent, ce n'est pas malgré toi, mais de ton propre mouvement, que tu l'as pris. Il ne te convient donc pas d'exiger une plus grande vengeance à ton profit, si c'est en vérité que tu veux tenir et aimer ce que signifie clairement le contenu de ce nom de moine. Si vraiment tu hais comme un ennemi celui qui a accompli ce forfait, et si tu n'abandonnes pas ta haine, j'affirme avec force, quoi que d'autres puissent dire, que tu peux porter le vêtement du Christ, mais que cela ne te sera d'aucune utilité. « Recherche, dit l'Apôtre, la paix avec tous, et la sanctification sans laquelle personne ne verra Dieu » (*Hébreux*, XII, 14). « C'est moi qui ferai justice, dit le Seigneur, moi qui rétribuerai » (*Rom.*, XII, 19). Si tu veux être parfait, commence par aimer parfaitement le Christ, et ton amour s'étendra à tout ce qu'on doit aimer. Abandonne tes menaces, cesse de répandre en vain des propos arrogants, puisque tu ne peux accomplir ce que tu désires. D'ailleurs le dommage causé injustement est une infamie non pour la victime mais pour son auteur. Ne te plains pas non plus du bonheur perdu car il aurait toujours été accompagné de mille désagréments. Si donc tu demeures jusqu'au bout dans un projet de sanctification, et que tu ne l'abandonnes pas, le Christ multipliera pour toi tout ce que tu as perdu, et miraculeusement le recréera le jour de la glorification des corps, dans la vie à venir des saints. Alors la maxime des dialecticiens se révélera fausse, de ceux qui disent que « jamais ce dont on a été privé ne peut revenir constituer l'être ».

Porte-toi bien dans le Seigneur.

INDICATIONS BIBLIOGRAPHIQUES

L'histoire d'Abélard et d'Héloïse.

I. TEXTES

En latin :

MIGNE, Patrologie latine, tome 178.

COUSIN (V.), *Petri Abælardi Opera*, 2 vol., Paris, 1849 et 1859.

MONFRIN (J.), *Abélard, Historia Calamitatum*, Paris, 1962 (4ᵉ édition 1978).

MUCKLE (J. T.), « Letter of Consolation to a Friend (Historia Calamitatum) », *Mediæval Studies*, 12, 1950, 163-213 ; « The personal Letters between Abelard and Heloise », *ibid.*, 15, 1953, 47-94.

HICKS (E.), *La Vie et les épistres Pierres Abaelart et Heloys sa fame*, textes latins et traduction du XIIIᵉ siècle attribuée à Jean de Meun, Paris, 1991 (avec les confessions de foi d'Abélard et la lettre de Pierre le Vénérable à Héloïse).

En français :

CHARRIER (Ch.), *Jean de Meun, traduction de la première épître de Pierre Abélard* (Historia Calamitatum), Paris, 1934.

GREARD (O.), *Lettres complètes d'Abélard à Héloïse*, Paris, 1859 et Paris, 1934.

ZUMTHOR (P.), *Abélard et Héloïse, Correspondance*, Paris, 1979 ; *Abélard, Lamentations, Histoire de mes malheurs, Correspondance avec Héloïse*, Paris, 1992.

Autres écrits d'Abélard en français :

GANDILLAC (M. de), *Œuvres choisies d'Abélard (Logique-Ethique-Dialogue entre un philosophe, un juif et un chrétien)*, Paris, 1945. Réédition *Pierre Abélard, Conférences (Dialogue d'un philosophe avec un juif et un chrétien), Connais-toi toi-même (Ethique)*, Paris, 1993.

JOLIVET (J.), « Du Bien suprême (Theologia Summi Boni) », Cahiers d'études médiévales, IV, Montréal-Paris, 1978.

MORIN (P.), *Abélard, Des intellections*, Paris, 1994.

II. RÉCITS ROMANCÉS OU COMMENTÉS

BARRY (J.), *A la française, Le couple à travers l'histoire*, Paris, 1985.

BOURIN (J.), *Très sage Héloïse*, Paris, 1966 et 1980.

CHARPENTIER (J.), *Héloïse amante d'Abailard*, Paris, 1939.

JEANDET (Y.), *Héloïse. L'amour et l'absolu*, Lausanne, 1966.

NOLLIER (I.), *Abélard, le philosophe du Christ*, Paris, 1984.

PERNOUD (R.), *Héloïse et Abélard*, Paris, 1970.

TRUC (G.), *Abélard avec ou sans Héloïse*, Paris, 1956.

VAILLAND (R.), *Héloïse et Abélard*, Paris, 1947.

VERMOREL (C.), *Les Fous d'amour*, Paris, 1988.

WALEFFE (M. de), *Héloïse, amante et dupe d'Abélard*, Paris, 1910.

III. LES SOURCES CONTEMPORAINES

BÉRENGER, *Apologeticus, Contra beatum Bernardum et alios qui condemnaverunt Petrum Abælardum*, PL 178, 1857-1870.

saint BERNARD, *Epist. ad papam Innocentium II*, PL 182.

FOULQUES de Deuil, *Epist. XVI, Ad Petrum Abælardum*, PL 178, 371-376.

GUIBERT de Nogent, *Autobiographie (De Vita sua)*, édition E.-R. Labande, Paris, 1981.

HILAIRE, *Elegia*, PL 178, 1855-1856.

JEAN de Salisbury, *Metalogicon*, PL 199, 867-869.

OTHON de Freising, *Gesta Friderici imperatoris*, I, 47.

PIERRE le Vénérable, *Epist. ad papam Innocentium II*; *epist. ad Heloïssam*, PL 189. *The Letters of Peter the Venerable*, éd. G. Constable, Harvard Historical Studies, LXXVIII, Cambridge, 1967. Dans la traduction d'O. Gréard, Bibliothèque de Cluny, 1959.

ROSCELIN, *Epist.* XV, *Ad Petrum Abælardum*, PL 178, 357-372.

SUGER, *Vie de Louis VI le Gros*, Paris, 1964.

IV. ÉTUDES

Pierre Abélard, Pierre le Vénérable, Colloque International du C.N.R.S. (Cluny, 1972), Paris, 1975.

Abélard en son temps, Actes du Colloque International organisé à l'occasion du IXe centenaire de la naissance de Pierre Abélard (14-19 mai 1979), Paris, 1981.

BAYLE (P.), *Dictionnaire historique et critique*, articles Abélard, Héloïse, Foulques.

CHARRIER (Ch.), *Héloïse dans l'histoire et dans la légende*, Paris, 1933. Réimpression Genève, 1977.

ENGELS (L.), « Abélard écrivain », Mediævalia Lovaniensia, I, II, Louvain, 1974, 12 (numéro sur Abélard).

FERGUSON (C. D.), « Autobiography as Therapy : Guibert de Nogent, Peter Abelard, and the Making of Medieval Autobiography », Journal of Medieval and Renaissance Studies, 13 :2, 1983.

FERROUL (Y.), « Bienheureuse castration, Sexualité et vie intellectuelle à l'époque d'Abélard » *Bien Dire et Bien Aprandre* (Lille), 4, 1986, 1-28; « Exemplum et consolatio : les contraintes de l'écriture autobiographique dans le *Récit de mes malheurs* d'Abélard », Wodan, Greifswald, 1995.

GANDILLAC (M. de), « Sur quelques interprétations récentes d'Abélard », Cahiers de Civilisation médiévale, 4, 1961, 293-301.

GANDILLAC (M. de) et McLEOD (E.), « Abélard et

Héloïse », *Entretiens sur la Renaissance du XII⁰ siècle*, Paris, 1968.

GILSON (E.), *Héloïse et Abélard*, Paris, 1939 (3ᵉ édition revue, 1964 et 1978).

GUIZOT (M. et Mme), *Abailard et Héloïse, essai historique*, suivi de la traduction des manuscrits par M. Oddoul, Paris, 1839.

HUCHET (J.-Ch.), « La voix d'Héloïse », *Romance Notes*, XXV, 3, 1985, 1-17.

JOLIVET (J.), *Abélard*, Paris, 1969; *Arts du langage et théologie chez Abélard*, Paris, 1982; *Aspects de la pensée médiévale : Abélard*, Paris, 1987. « Abélard entre chien et loup », Cahiers de Civilisation Médiévale, 20, 1977, 307-322.

LAMARTINE (A. de), *Héloïse et Abélard*, Paris, 1859.

LETORT-TRÉGARO (J.-P.), *Pierre Abélard*, Paris, 1981.

LUSCOMBE (D. E.), *Peter Abelard*, Londres, 1979.

McLAUGHLIN (M. M.), « Abelard as Autobiographer : the Motives and Meaning of his "Story of Calamities" », *Speculum*, 42, 1967, 463-488.

McLEOD (E.), *Héloïse*, Paris, 1941.

PLISNIER (Ch.), *Héloïse*, Paris, 1952.

REMUSAT (Ch. de), *Abélard, sa vie, sa philosophie et sa théologie*, tomes I et II, Paris, 1845 (réimpression Francfort/Main, 1975).

SIKES (J. G.), *Peter Abailard*, Cambridge, 1932.

ZUMTHOR (P.), « Héloïse et Abélard », Revue des Sciences humaines, 90, 1958, 313-332.

V. DIVERS

Lettres de la Religieuse portugaise.

ROUSSEAU (J.-J.), *La Nouvelle Héloïse*.

BARRY (J.), « Jean-Paul Sartre et Simone de Beauvoir », dans *A la Française*, Paris, 1985.

Une bibliographie plus complète est donnée par D. E. Luscombe, dans P. Dronke (édit.), *A History of Twelfth-Century Western Philosophy*, Cambridge, 1988.

REPÈRES BIOGRAPHIQUES

Vies d'Abélard et d'Héloïse	Evénements extérieurs
1079 Naissance au Pallet.	
1090	Naissance de Bernard de Clairvaux.
1093	Roscelin condamné à Soissons.
1094 Elève de Roscelin à Loches.	
1100 A Paris, élève de G. de Champeaux.	Guillaume de Champeaux et Etienne de Garlande archidiacres de Paris.
1101 Naissance d'Héloïse.	Conflit entre Galon et E. de Garlande (soutenu par le roi) pour l'évêché de Beauvais.
1102 A Melun, maître des écoles.	
1104 A Corbeil, maître des écoles.	Retournement du roi : Galon, évêque de Paris.
1105	E. de Garlande chancelier.
1105-8 Maladie et séjour en Bretagne.	Lutte ouverte de Garlande et du roi.
1107	Anselme enseigne la théologie à Laon.
1108 A Paris.	Louis VI s'appuie sur E. de Garlande dont le frère est fait sénéchal. G. de Champeaux chanoine à Saint-Victor.

	Gilbert cède son poste à Abélard.	Gilbert succède à Guillaume comme archidiacre.
1109	Retour à Melun.	Guillaume destitue Gilbert et reprend son poste.
1110-12		E. de Garlande doyen de Sainte-Geneviève.
	Retour, sur la Montagne Sainte-Geneviève.	Guillaume doit s'éloigner.
	Second séjour en Bretagne.	Guillaume revient à Paris et rouvre son école.
1111-2		Commune de Laon.
1113	A Laon, à l'école d'Anselme.	G. de Champeaux évêque de Châlons s/Marne.
1113-7	A Paris, maître incontesté de Dialectique et de Théologie.	
1115-6	Pendant l'hiver, début de la relation avec Héloïse.	Bernard abbé de Clairvaux (confirmé dans ses fonctions par G. de Champeaux).
1116	Naissance d'Astrolabe.	Mort de Galon. Gilbert évêque de Paris.
	Mariage.	Mort d'Yves de Chartres. Geoffroy évêque.
1117-8	Héloïse à Argenteuil. Vengeance de Fulbert. Entrées en religion, à Argenteuil et à Saint-Denis. Reprise de l'enseignement. Projet d'appel au pape (avant juillet 1118).	Mort d'Anselme de Laon.
1120	Reprise de l'enseignement à Maisoncelle. « De l'Unité et de la Trinité divine » Lettre à l'évêque de Paris dénonçant Roscelin.	Réponse de Roscelin. Mort de Roscelin.
1121	Concile de Soissons. Condamnation.	Geoffroy défend Abélard. Mort de G. de Champeaux.
1122	Scandale à Saint-Denis. A Provins.	Mort d'Adam. Suger abbé de Saint-Denis.
	Fondation du Paraclet.	Intervention d'E. de Garlande.

1123		Mort de Gilbert. Etienne de Senlis évêque de Paris (adversaire des Garlande).
		Suger réclame Argenteuil.
1124		Saint-Victor favorisé.
1127	Abbé de Saint-Gildas.	Début approximatif de la disgrâce des Garlande.
1129	Héloïse abbesse du Paraclet.	Dispersion des moniales d'Argenteuil.
1131	Le pape Innocent II confirme la donation du Paraclet aux religieuses.	
1132-3	« Histoire de mes malheurs. »	Retour en grâce d'E. de Garlande.
1133	Enseignement à Sainte-Geneviève.	
1136		Jean de Salisbury élève d'Abélard.
1137		Mort de Louis VI. Louis VII, marié à Aliénor d'Aquitaine, roi : éclipse des Garlande, triomphe de Suger.
1139	Conflit avec saint Bernard.	Guillaume de Saint-Thierry écrit à Bernard de Clairvaux à propos des erreurs d'Abélard.
1140	Concile de Sens. Condamnation.	
		E. de Garlande se retire à Saint-Victor.
	Départ pour Rome. Arrêt à Cluny, accueilli par P. le Vénérable. Réconciliation avec Bernard. Malade, séjour au prieuré Saint-Marcel.	
1142	21 avril : mort d'Abélard.	
1143	Pierre le Vénérable annonce la mort d'Abélard à Héloïse.	
1144	Retour de la dépouille d'Abélard au Paraclet. Héloïse sollicite de P. le Vénérable une prébende pour Astrolabe.	
1147		Saint-Victor acquiert Sainte-Geneviève.

1149		Mort de Geoffroy. Jean de Salisbury évêque de Chartres.
1153		Mort de Bernard de Clairvaux.
1156		Mort de Pierre le Vénérable.
1164	Mort d'Héloïse, qui est enterrée aux côtés d'Abélard.	
1174		Canonisation de Bernard de Clairvaux.
1497	Transfert des ossements des deux époux dans l'église du Paraclet.	
1621	Transfert sous le grand autel.	
1792	Transfert à Nogent/Seine, avant la vente du Paraclet comme bien d'émigrés.	
1800	Moulages par Alexandre Lenoir.	
1817	Transfert des restes au cimetière du Père-Lachaise.	

A l'époque d'Abélard, les Turcs prennent Jérusalem en 1078, provoquant la première Croisade, prêchée en 1095, et qui aboutira à la prise de Jérusalem en 1099, ainsi qu'à l'établissement pour deux siècles et demi d'un royaume Franc au Moyen-Orient. La seconde Croisade de 1147 est prêchée par Bernard de Clairvaux, qui aura aussi à prêcher contre les Cathares en Languedoc.

En littérature, la *Chanson de Roland* date environ de 1100, époque où par ailleurs Guillaume IX, duc d'Aquitaine et comte de Poitiers, écrit les premiers poèmes de troubadours. Les premiers romans datent de 1150 (*Roman de Thèbes*, puis *Tristan*), Marie de France diffuse ses lais vers 1167, Chrétien de Troyes écrit *Lancelot* vers 1170, *Perceval* vers 1189.

L'église de Vézelay est construite en 1096, la cathédrale de Sens en 1130; le portail de la cathédrale de Chartres date de 1145-1150, et la construction du nouvel édifice pour Notre-Dame de Paris s'étale de 1163 à 1250.
En

TABLE

DERNIÈRES PARUTIONS

GF Flammarion

05/07/115332-VII-2005 – Impr. MAURY Eurolivres, 45300 Manchecourt.
N° d'édition FG082705. – Mars 1996. – Printed in France.